意中の建築

上巻

中村好文

新潮社

意中の建築　上巻

目次

まえがき　6

名作の足元を見る
旧千代田生命本社ビル　設計＝村野藤吾
昭和41年（1966）　東京都目黒区　9

「星の王様」が造った天文遊園地
ジャンタル・マンタル
1728年　インド　ラージャスタン州ジャイプール　19

本の精霊に捧げられた神殿
ストックホルム市立図書館　設計＝エリック・グンナール・アスプルンド
1928年　スウェーデン　ストックホルム　29

石塀に会いにゆく
閑谷学校
寛文10年（1670）　岡山県備前市　37

ひとひねりした住宅
母の家　設計＝ロバート・ヴェンチューリ
1962年　アメリカ　ペンシルヴァニア州フィラデルフィア　47

村の住み心地
河回村
韓国　慶尚北道　55

STOCKHOLMS
STADSBIBLIOTEK
1928
Erik Gunnar Asplund

タルコフスキー好みの廃墟
サン・ガルガーノ聖堂
13世紀　イタリア　サン・ガルガーノ
77

名旅館名室の条件
俵屋旅館
京都府京都市
85

コレクターの館
サー・ジョン・ソーン美術館　設計＝サー・ジョン・ソーン
1824年　イギリス　ロンドン
95

五十年後の建築家冥利
ケース・スタディ・ハウス#1　設計＝ジュリアス・ラルフ・デイヴィッドソン
1948年　アメリカ　カリフォルニア州ロサンジェルス
103

住まいの変奏曲
マーヴィスタ・ハウジング　設計＝グレゴリー・エイン
1948年　アメリカ　カリフォルニア州ロサンジェルス
113

マティスの遺した光の宝石箱
ロザリオ礼拝堂
1951年　フランス　ヴァンス
123

読者のための見学案内
137

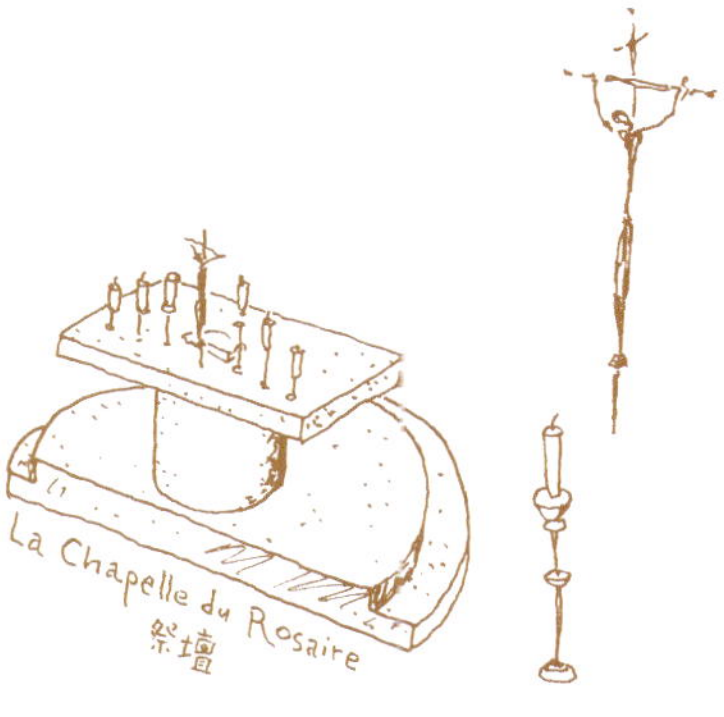

La Chapelle du Rosaire
祭壇

まえがき

よく「目ざといタチだね」と言われます。

人であれモノであれ、ほかの人より気づいたり見つけたりするのが早いのです。外出先や旅先で、思いもよらない友人知人にバッタリ会ったりする偶然が異常に多いのも、結局は、私が無意識のうちにあたりをキョロキョロ見まわしているせいかもしれません。

くわえて「観察癖」とでも言うのでしょうか、私には、子供のころから、人物であれ事物であれ「じーっと見る癖」がありました。そんな子供でしたから、来客は言うに及ばず、見ず知らずの人でも、その顔や仕草に我を忘れて見入ってしまうので、よく母親から「ホラ、ホラ、そんなにじっと見たら、失礼でしょ？その悪い癖はやめなさい！」と、たしなめられました。しかし「三つ子の魂」はそう簡単に抜けるものではありません。大学に入りたての頃、映画を観に出掛けた新宿で、地下道にたむろしてシンナー遊びをしていた不良少年たちの様子に気をとられ、じーっと観察していて「てめぇ、眼《ガン》をつけたな！」とからまれ、同行していた友人共々ちょっとした暴力沙汰に巻き込まれたことがありました。このときは友人から「あの連中をあんなにしげしげ見てたら、からまれるのはあたり前じゃないか。お前と歩いていて、いざこざの巻き添えになるのは、もうゴメンだよ！」と、きつくなじられました。

このように「目ざといタチ」と「観察癖」が人物に向けられると、いろいろ面倒を引き起こしますが、人物以外ならそうしたトラブルはまず起こりません。ひとこと付け加えますと、ここで言う人物以外とは、主に建築物や構造物のことで、私の場合、建築家という職業上の興味から、ごく自然にそういうところに眼がいくわけです。人物を観察する時、場所柄、老若男女、国籍、職業を問いませんが、建築の場合も同様で、古今を問わず、洋の東西を問わず、大小を問わず、貴賤を問いません。歴史的な名建築であれ、路傍の粗末な小屋であれ、時には映画や絵画の中の建物であれ、私の眼を惹きつけ、興味をそそるものなら、わけへだてなく好奇の「じっと見」の眼差しを注いでしまうというわけです。

そして、ある時期からそのように心惹かれて見入った建築や、一目見ただけで忘れられなくなった建物が、自分の胸の裡にしっかり住み着くようになっていました。と、ここまで書いたら、もうお察しいただけることでしょう。

そう、それが私の「意中の建築」です。

この本は、私の気持ちをくすぐり、瞼に焼き付いている「意中の建築」を訪ね歩き、その印象や魅力について思いつくままに綴ったものです。もとより研究書のたぐいではないので、精緻な分析や深い考察などはありません。読みようによっては、写真とイラストをちりばめた一種の絵本のようでもあるので、気の向くまま、どの章から読み始めていただいても結構です。

この本を、心の中にとっておきの宝物を持ち、それを大切にしている人たち、つまり「意中の……」という言葉に共感してくれる読者に捧げたいと思います。

絵
中村好文
ブックデザイン
大野リサ　川島弘世

名作の足元を見る

旧千代田生命本社ビル

｜設計｜　村野藤吾

昭和41年（1966）　東京都目黒区

緩やかな傾斜地に建つオフィスビル。5000坪の敷地には広場や築山、池などが配され、茶室や和室も備えていた。設計者の村野藤吾（むらの・とうご　1891〜1984）は、昭和を代表する建築家。和洋両様をこなし、華やかかつ繊細な作風は、井上靖に「きれい寂び」と評された。代表作に〈日生劇場〉〈大阪そごう百貨店〉〈新高輪プリンスホテル〉等。村野が「一つの静かな町になるよう」設計したこの建物は、2001年にAIGスター生命本社ビルとなり、03年より目黒区総合庁舎として利用されている。掲載した写真は02年の撮影。

建築家の村野藤吾さん（一八九一～一九八四）を初めて見かけたときのことを、今でもはっきり憶えています。一九七四年の秋、村野さんは赤坂離宮を迎賓館に改修する大きな仕事をしていましたが、その工事現場でのことでした。

学生時代から、私には建築を学ぶ一番手っ取り早く、一番確実な方法は、古今東西の建築の名作を実際に見てまわることだという盲信のようなものがあり、各地に点在している村野さんの建築もひとつずつしらみつぶしに訪ね歩いていました。

たまたま迎賓館は、私が当時働いていた麴町の設計事務所にほど近い場所にありました。ヴェルサイユ宮殿を模したというその特徴的な建物は、私の席から窓越しによく見えて、こちらとしてはなんとなく隣組気分もあったのですが、国賓のための特別な施設ですからあちらの警戒は厳重で、見学が目的の立ち入りはもちろん許可してもらえないのでした。

あるとき、出入りの絨毯業者がそんな私の願望を聞きつけ、「中村さん、迎賓館の現場が見たいんだって？　あすこの絨毯工事はうちの会社でやってるから、なんとか見学の手はあるかもしれないよ」と言い、私を絨毯工事の臨時雇いの職人として登録し、首尾よく迎賓館内に潜入させるという巧妙な手段を考えてくれました。まるでスパイ映画並みにワクワクする話でした。

数日後、胸に「T織物」という刺繡入りのグレーの作業着を着こみ、絨毯を敷く特別な道具を手に持った私は、本物の職人

旧千代田生命本社ビルの正面玄関［上］　ジェット機の翼を連想させるキャノピー（大庇）は、林立するステンレスの柱で支えられている　右頁はその柱の根元　トロンボーンを伏せたような形や舗石から飛びだす石塊にも村野流のこだわりがうかがえる

たちに混じってまんまと工事中の建物に入り込み、竣工間近の迎賓館を隅々まで存分に見学することができました。

その日は素晴らしい秋晴れで、穏やかな午後の陽が、規則的に並んだ窓から広い廊下に射し込んでいました。陽光に誘われるように窓辺に立って、植栽工事たけなわの庭園を眺めていると、遠くでひと群のススキの穂が秋の陽射しを浴びて光っているのが目にとまりました。何気なくその様子を見ているうち、ススキの穂の一本だけがやけにはっきりとした銀色で、揺れ方も不自然なことに気づきました。「おやおや」と思ってさらによく見ると、それはススキの穂ではなく、ススキの向こう側で庭仕事をしている小柄な老人の真っ白な髪の毛なのでした。老人は数人の男たちと向かい合い、何度もおじぎするような仕草で熱心に働いていましたが、そのうち、伸びをするような格好でかがんでいた上半身を起こし、全身をあらわしました。

その瞬間、白髪の老人が村野藤吾さんだったことに私は気づいたのです。

すでに八十歳をいくつか越えていたはずの村野さんが、庭師と一緒に泥だらけになりながら庭石を据えているところでした。粛然とした思いにとらわれた私は、背筋を伸ばし、居ずまいを正さずにいられませんでした。そして、その印象深い光景はまるで望遠レンズで撮った映画のワンシーンのように、私の記憶にくっきりと焼き付きました。

良い建築には独特の匂いがあるものです。

そのことに気づいたのは、やはり村野藤吾さんの設計した建築を見学して歩いていたときでした。村野さんの建築は、どれも特有の雰囲気があります。一種のオーラが漂っていると言ったらよいでしょうか。繰り返し村野建築の前にたたずみ、空間の中に身を置いて建築的な愉悦に全身で浸ってみたくなるのは、そのオーラのせいに違いありません。

オーラの漂う建築は世の中にそうざらにあるものではなく、たとえば大御所建築家の設計した傑作といわれる建物でも、実際に見学してみると、オーラどころか、最新技術を駆使した構造や「新奇斬新」を絵に描いたような空間が目に付くばかりで、ひんやりよそよそしく感じられることがあるのです。こういう建物にはもちろん匂いなんかはありませんし、建築ならではの心ときめく愉悦を味わうこともできません。

アメリカの建築家、チャールズ・ムーア（一九二五〜九三）の言葉で、「偉大な建築物の実感を得るために最上の方法はその建物の中で目を醒ますこと」というものがありますが、幸いなことに村野さんはホテルを数多く設計していますから、そこに泊まりさえすれば、最上の方法で村野建築の醍醐味を味わうことができます。

京都は私が学生時代から足しげく出掛けた街ですが、京都に行くときはできるだけ村野さんの設計した蹴上の〈都ホテル〉

［左頁］エントランス・ホール奥の空間には「竜巻のようにうねり上がる」ステンレス製の優美な大階段が待ち受けている　彫刻家の目と職人の技をあわせ持ち、階段を造らせたら右に出る者なしといわれた名人・村野藤吾の面目躍如たる傑作

に泊まるようにしていました。一九三九年に完成した建物の、古風なしつらえの客室がまだ現役で使われていたころなど、わざわざ私はその古い部屋を指定して泊まったりしていました。

今はすっかり明るく現代風に様変わりしてしまいましたが、以前の仄暗く落ち着いた雰囲気は、ホテルに一歩踏み入れた瞬間に、ほかのホテルでは味わうことのできない大きな安堵の気持ちをもたらしてくれたものです。部屋はもちろんのこと、ホテル全体にも洞窟の中の温もりに似た安らぎが満ちているように感じられました。

あるとき「この濃密な空気の正体は一体なんだろう?」と思い巡らすうちに、それが床や壁や天井からじわりじわりと滲み出してあたりに漂う独特の「匂い」だということに、はっきり気づいたのでした。

もちろん、実際に嗅覚で感じる匂いではありません。しかし、その場に漂う気配は「匂い」という言葉以外ではちょっと表現できないものでした。

建築は、あっさり言ってしまえば、建築資材であるコンクリート、鉄、石や土、木や紙や布などの組み合わせによる物質の集合体に過ぎないのですが、作られ方によっては、設計と工事にかかわった人間の汗や体臭がぬぐいがたく染み付き、その仕事にかけた献身的

古今東西、水を愛した建築家は多いが、村野藤吾はその筆頭だったと言っても良いだろう。この旧千代田生命本社ビルの中庭にある池の水辺の扱いや、小島にほどこされた植栽など、それはそれは見事である。

[右頁]エントランス・ホール　天井の高い空間に、エミリオ・グレコの若い女性の彫刻がひとつ置かれ、静謐な空間をいっそう引き締めている

な努力と愛情が建物の「スピリット」あるいは「気」として宿ることがあるのかもしれません。

とくに建築家が全身全霊を傾け、文字通り汗まみれ泥まみれになって普請に打ち込むと、その感性や体臭は建物にそのまま染み込み、呻吟の痕跡、推敲の痕跡としてくっきりと影を落とすのです。独特のかぐわしい匂いはこうした痕跡から漂い出すのだと思います。

そのあたりの事情は映画と映画監督の関係にも似ているような気がします。

「匂い」とか「痕跡」とか、話がすこし抽象的すぎたでしょうか。もう少し具体的にそのことを説明しましょう。

取りあげる建物は、村野藤吾さんが設計し一九六六年に完成した旧千代田生命本社ビルです。二〇〇〇年に同社破綻後、建物と敷地をそっくり目黒区が買い取り、大規模に改修して目黒区総合庁舎として再生使用することになりました。このニュースは広く報じられたので、ご存知の方も多いかもしれません。

先ほど書いたとおり、私は村野さんの設計した建築を割合たくさん見てきましたが、中でもこの旧千代田生命本社ビルが最高傑作だと考えています。

村野さんは、自分の作品について「いやいや、私なんかまだまだ未熟で……」というふうに謙遜する人でしたが、この建物

アプローチの舗石と芝生の境界線　石の舗装はいつのまにか芝生の中に飲み込まれて消えていく　境界を一直線にせずに、敢えてジグザグに食い込ませることで、異質な素材を相互に馴染ませている

は規模といい完成度といい、手応えのあるとびきりの自信作だったらしく、矢内原伊作との対談では「心おきなくやらせてもらえて、クライアントに感謝している」と話しています。

そう言うだけあって、旧千代田生命本社ビルは実に見どころの多い建物でした。その代表格はなんといっても正面と背面のガラスの開口部を覆うアルキャスト（アルミ鋳物）のルーバーでしょう。

外観を特徴づけている連続ルーバーの優雅なプロポーションと、風合いのあるアルキャストの鋳肌の素材感が、建物になんともいえない陰影を与えて、コンクリート、鉄、ガラス一辺倒の現代建築では望むべくもない渋い品格をもたらしています（いました、と書くべきでしょうか。残念ながら今は、ルーバー全体にのっぺりとドーランを塗ったような塗装が施されています）。

ほかにも、正面玄関のジェット機の翼のように軽快な大庇《キャノピー》や、天井の高い静謐な空間にエミリオ・グレコ作の若い女性の彫刻がポツンとひとつだけ置かれているエントランス・ホール、その奥の空間に控えて竜巻のようにうねり上がる優美なステンレススティールの階段、人の心を鎮静させ静寂に誘い込む池など、たっぷり時間をかけて味わいたい建築的な御馳走が盛りだくさんでした。

さらに、数寄屋建築に興味のある人なら、村野好みの創意工夫がふんだんに盛り込まれた、池に面する和風の部屋や茶室も

外観のルーバーもさることながら、たおやかな芝生と舗石を仕切る石垣の端部に据えられた石がちょっとした見もの　この石の形を決め、据え付けるまでに注ぎ込まれた村野藤吾の熱意と根気に思わず頭が下がる

相当な見ものだと思います。

しかし私は、そうした見せ場をたっぷり味わいながら、同時にごく些細な部分、特に足元のデザインに目と心を奪われてきました。実は、この二十五年間に六回ほどここを訪れているのですが、最初の見学のときからずっと足元ばかり熱心に見ていたような気がします。

「足元を見る」という言葉は、「弱みにつけ込む」という意味もありますが、ここでは、私にとってはそれが「頭が下がる」「畏敬の念を抱く」という肯定的な意味になるのです。

たとえば先ほど書いた玄関のキャノピーの下には、私の目を釘付けにする建築家村野藤吾ならではのディテールがあります。

まずそのキャノピーを支えて林立するステンレス製の柱の根元。それはトロンボーンの口のように末広がりに開いていて、ちょうど大地から生え上がったようにデザインされています。また、その柱の建っている舗石には彫刻的な形をした石の塊が半分だけ埋め込まれたりしています。さらに、石の表面をノミで突いて仕上げたらしい舗装の、余韻たっぷりの終わり方も見逃せません。石の舗装はスパッと一直線には終わらず、出たり引っ込んだりしながら次第に芝生の中に消えていきます。石の目地に芝生が浸食する様子にも深い味わいがあると感じ入ったりする奇特な人が、私以外にもいてくれれば良いのですが……。


村野さんは「モノのはしばし、モノの切れ目を大切にしたい」という意味のことを繰り返し語り、異なる素材どうしの境目や接点を非常に慎重に、そして大切に扱いましたが、ここではそのお手本を目のあたりにできるのです。

アルキャストの格子が水面に映る景色がどこか修道院的な静けさを感じさせる、池に接した建物の足元も見事です。池の中には植栽の施された小さな島がありますが、その石組と、石組が池に崩れこんで終わる部分がとりわけ私のお気に入りです。よく見れば、水面下に沈んだ石まで入念に位置決めをした形跡が窺え、何度見てもそのあくなき執念に胸を打たれます。

こんなふうに書いているときりがないので、最後にもうひとつだけ。玄関前の石垣の端には、要石《かなめいし》の役割をになった石が、まさにこれしかないと思える「向き」と「形」で据えられていました。つまりこの石ひとつに、名匠という呼び名がいかにもふさわしかった村野藤吾さんの建築の考え方と手法が見事に象徴されているように私には思えるのです。

石ひとつを選ぶのも、選んだ石を納得のいく形に据えるのにも、長い時間と根気がいったに違いありません。そんなことを考えながらしみじみとその石に見入っているうちに、白髪を振りみだし、一心不乱に庭師たちと働いていた村野さんの姿が、瞼に浮かび上がって来るのでした。

「星の王様」が造った
天文遊園地

ジャンタル・マンタル

1728年　インド　ラージャスタン州ジャイプール

ラージャスタン州の州都ジャイプールは赤い砂岩の城壁にかこまれ、ピンクシティの異名を持つ美しい城塞都市。この町を建設したマハラジャ、サワーイ・ジャイ・シン２世（1686〜1743）は、科学にも強い関心をよせ、宮殿内に大規模な天文台を建設して自ら天文観測にあたったという。約2.2ヘクタールの敷地に石造りの観測器が30基ほど。どの装置も巨大なのは、観測の誤差を小さくするためだ。ジャイ・シン2世は同様の天文台をデリー、ベナレスほかにも建造したが、ジャイプールのものが最も保存状態がよく、規模も大きい。

12基で一群をなすラシヴァラヤス・ヤントラは、太陽の軌道(黄道)を基準として星々の位置を測定する装置　地球の自転につれて黄道座標の基準軸が動いていくため(24時間で360度ずれる)、2時間ごとに観測台を代える必要があった

インド西部のアーメダバードに、ル・コルビュジエ（一八八七〜一九六五）が一九五〇年代に設計した建物がいくつか残っています。そのうちのひとつは〈サラバイ邸〉と呼ばれている富豪のための大邸宅です。ル・コルビュジエの後期の代表作のひとつで、インド固有の気候風土や土着的な建築技術と近代建築の融合がテーマになった傑作として知られています。私はこの住宅を見学したいと長年思い続けていましたが、数年ほど前、ひょんなことからサラバイ一族に嫁ぐことになったAさんという女性を友人から紹介され、Aさんの尽力により見学できることになりました。日取りを打ち合わせ、飛行機を予約し、荷造りを済ませ、インドなので止瀉薬やうがい薬などもあれこれ買い求め、準備万端整っていざ出発という段になって、Aさんから電話が入りました。話は、自分たちの結婚行事の関係で身辺が慌ただしくなってしまったので、見学を二、三日延ばしてもらいたいという内容でした。こちらはお願いしている立場ですから、もちろん良いも悪いもありません。Aさんには、滞在予定期間内なら見学はいつでもいいので、なにはともあれ、ご自身の婚礼の行事に専念して欲しいと伝えました。私の方も、インドに着いていきなりあたふたと目的の建築を見学するより、まずはインドという未知の土地がらに、いくらかでも体と気持ちを慣らしてから行くべきかもしれないと考えていたので、予定変更は好都合だったのです。見学は当初の一月二十七日から三日延びて、一月三十日ということになりました。たったいま

ジャイプール観光の目玉のひとつ「風の宮殿」屋上の窓から偶然見えたジャンタル・マンタルの全貌　巨大な直角三角定規のような建物をはじめ、不思議な形の建築群が寄り集まって「建築好き」の私を手招きする

「好都合だった」と書きましたが、実はそれどころではなく、この予定変更で私は命拾いしました。というのは、予定通りなら見学の前々日の一月二十五日の夜アーメダバードに到着し、前日の二十六日はル・コルビュジエの設計した〈繊維織物業協会会館〉などをあらかじめ見学しておくつもりでした。ところがなんとその二十六日、アーメダバード一帯は死者二万人以上とも言われる、未曾有の大地震に見舞われたのです。

この大地震でアーメダバードのAさんとはまったく連絡が取れなくなってしまいました。電話線も交通網もズタズタに分断され、どうすることもできません。私は、〈サラバイ邸〉の見学をあきらめて、Aさんやそのご家族の安否を気にしつつ（Aさんとご家族全員の無事が確認できたのは帰国後一週間ほど経ってからでした）、ポカンとあいた空白の日々をジャイプールやアーグラを旅して過ごす方針に切り替えました。

お目当ての〈サラバイ邸〉が見学できなかったのは残念でしたが、「風の宮殿」と「水の宮殿」を見ようと出掛けたジャイプールで、思いがけず素晴らしい建築に巡り会いました。「風の宮殿」の屋上でなにげなくあたりを見渡していたとき、宮殿の裏手にあった巨大な直角三角定規のような不思議な建造物が視界に飛び込んできました。思わず「なんだ、なんだ？」と呟くと同時に、息を凝らして見入ったのですが、それが「ジャンタル・マンタル」という天文観測のための施設でした。手持ちのガイドブックには切手サイズの写真と五、六行の説明書きが

手前の糸巻きのようなものは高度と方位角を測るラム・ヤントラで、後ろの方に高くそびえているのは、天文観測装置の横綱サムラート・ヤントラ　高さは27メートルあり、貫禄充分

あるだけだったので、さほど興味もそそられず、見ても見なくてもいいぐらいに考えていた場所ですが、とんでもなさそうです。私は「風の宮殿」の見学をそそくさと切り上げ、急ぎ足でそちらに向かいました。

　遠目に見ただけで思わず私の心をワクワクさせたその正体が何だったのか、そのことを書く前に、そもそも「ジャンタル・マンタル」とはどういうものかについて簡単に触れておきましょう。まず名称ですが、ジャンタルは「機器」、マンタルは「計測」を意味するサンスクリット語だそうです。この天文観測施設を造ったのは、都市計画としても評価の高いジャイプールという城塞都市を造り、そこを治めたサワーイ・ジャイ・シン二世（一六八六～一七四三）です。彼は勇敢な武将であると同時に卓越した施政者でもあったということですが、それだけではなく、非常に熱心な科学マニアでもあったのです。分かりやすく言えば理数系の頭脳の持ち主だったのでしょう、数学、幾何学はもちろん、建築や都市計画にも通じていた彼は、とりわけ天文学に特別な関心と興味を持っており、生涯にわたって天文観測とその研究に異常な情熱を注いだと言われています。彼はジャイプールの他にも同様の天文観測施設を、一七二四～三四年の十年間ほどの短期間に、デリー（一七二四頃）、ウジャイン（一七二六または三四）、ベナレス（一七三四頃）、マトゥラ（完成年不明）とインド各地に四カ所も立て続けに造っています。つまり、ま、よくよく天文好きの「星の王子様」ならぬ「星の王様」だったわけですね。

　ジャイプールのジャンタル・マンタルはこの中でも最大級の規模と出来映えだと言われています。全体は、約二百メートル×約百二十メートルの、角が一部分欠けた矩形で、ぐるりと塀に取り囲まれたこの区画内に、大きさも形態も様々な天文観測装置（建造物）が三十基近く配置されています。景品交換所のような切符売り場で入場券を買い、その場所に足を踏み入れたとたん、私は駆け出したくなるような胸の高鳴りを覚えました。もちろんいい大人がいきなり駆け出すわけにはいきませんから、じっとこらえましたが、意味ありげな形態（もちろんそれぞれに深い意味があります）が、それぞれしかるべき方向を向き（方向は厳密を極めています）、巨大な彫刻作品のように注意深く配置されている様子は「壮観」としか言いようがなく、知らず知らずのうちに気持ちは高揚し、顔はほころんでくるのでした。心の底から湧き上がってくるそのワクワク感は、「滑り台」や「ブランコ」や「山形雲梯」や「ジャングルジム」などの遊具の点在している遊園地に足を踏み入れた幼児が味わう感情に似ていたかもしれません。と、書いてみて気づいたのですが、ここにはどこか遊園地的な風情が漂っているようにも思えました。太陽や月の運行を観測し、久遠の星たちに思いを馳せるロマンティストのための天文遊園地、と言ったら良いでしょうか。そう考えると「ジャンタル・マンタル」というゴロのいい語感だって、遊園地の名前にふさわしく思えてくるではありませんか。

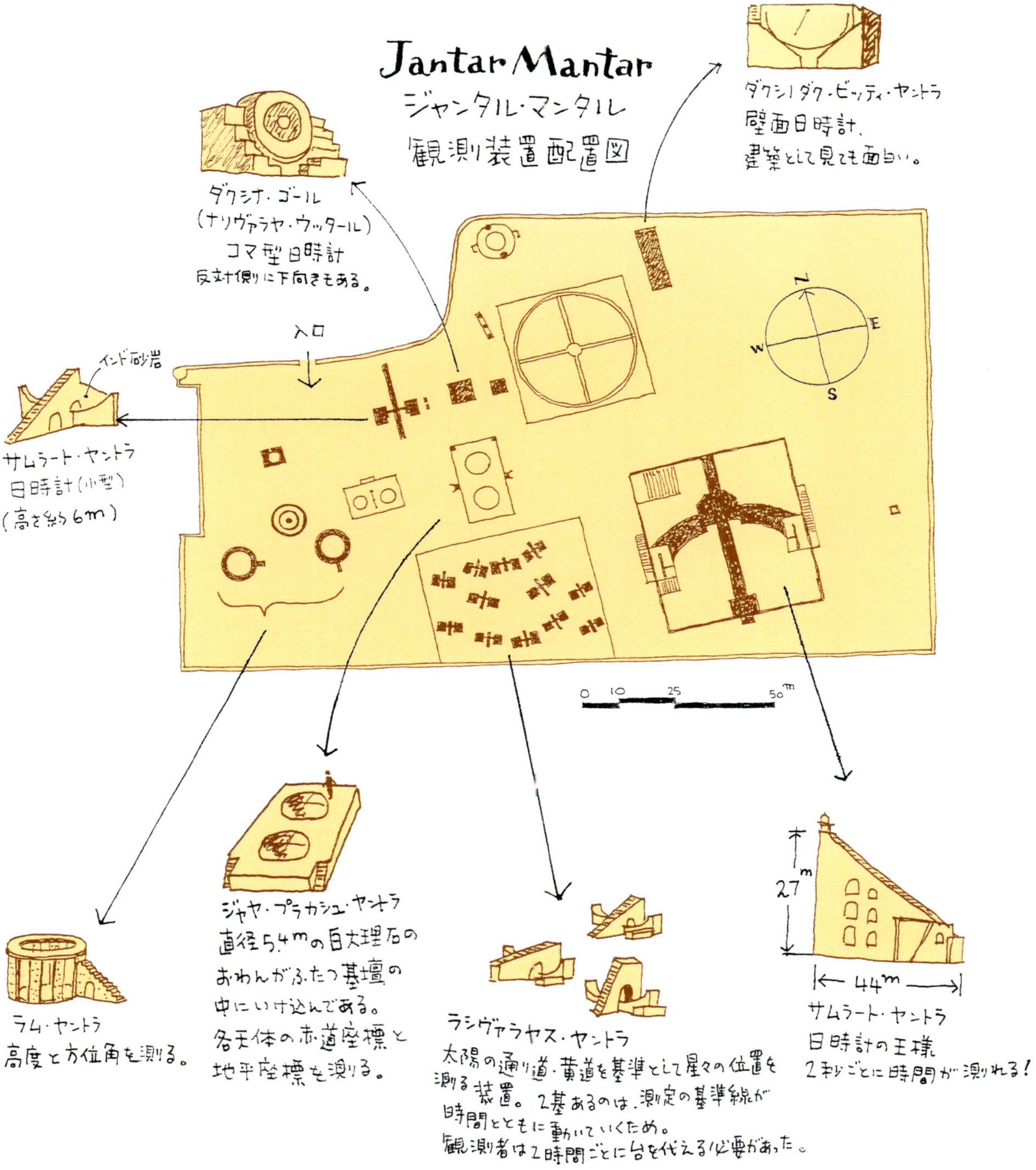
Jantar Mantar
ジャンタル・マンタル
観測装置配置図
ダクシノダク・ビッティ・ヤントラ
壁面日時計、
建築として見ても面白い。
ダクシナ・ゴール
(ナリヴァラヤ・ウッタール)
コマ型日時計
反対側に下向きもある。
入口
インド砂岩
サムラート・ヤントラ
日時計(小型)
(高さ約6m)
N
E
W
S
0 10 25 50m
ラム・ヤントラ
高度と方位角を測る。
ジャヤ・プラカシュ・ヤントラ
直径5.4mの白大理石の
おわんがふたつ基壇の
中にいけ込んである。
各天体の赤道座標と
地平座標を測る。
ラシヴァラヤス・ヤントラ
太陽の通り道・黄道を基準として星々の位置を
測る装置。12基あるのは、測定の基準線が
時間とともに動いていくため。
観測者は2時間ごとに台を代える必要があった。
27m
44m
サムラート・ヤントラ
日時計の王様
2秒ごとに時間が測れる!

ジャヤ・プラカシュ・ヤントラは、基壇に埋め込まれたふたつの半球からなる装置　観測者は半球の内側に入り込み、太陽の影を読んで結婚式や祭礼の日時を決めたという

私は観測装置のひとつひとつを、ためつすがめつ眺め、撫でたり、触ったり、写真に撮ったり、スケッチしたりしながら、たっぷり時間をかけて見ていきましたが、天文に対する関心と畏敬の念、宇宙の神秘や摂理を探りたいという欲求がそのまま形態に凝縮している面白さはよくよく分かったものの、そこに点在しているそれぞれの装置を、どのように使って、何を観測したり計測したりするのか、実はその場ではほとんど理解できなかったのです。私は見学しながら「ああ、せめて自分に天文学の初歩的な知識があったら、この場所はどれほど興味深く、学習効果も満点に愉しめたことだろう！」と思わずにはいられませんでした。つまり、天文という分野に関する自分の驚くべき無知蒙昧ぶりにあらためて気づかされ、しみじみ恨めしい思いにとらわれたのでした。そのことがあまりにも悔しかったので、帰国後、近所の図書館から借り出した天文関係の本や少年少女向きの天文図鑑でドロナワ式に勉強し、この原稿を書くためにもう一度同じ本を借り出して読み直しました。ここから書くのはそのにわか仕込みの知識によるものです。一応、見学順路に従い、私が特に興味深く眺めた観測装置について書いてみますので、配置図［前頁］を参照しながら読んでください。

まず、入口の正面には、太陽の高度と方位角を測る「ラム・ヤントラ」が二つ並んでいます。水平のリングを十二枚の壁柱で支えた円筒形の檻のような装置で、大きな糸巻きのような形をしています。交互に建てられた二種類の幅の壁柱とその隙間

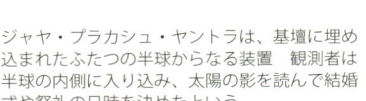

が太陽の運行とともに地面に落とす影を読みとる装置です。水平リングは上から観測するためのキャットウォーク（歩廊）にもなっているらしく、そこに昇るための幅の狭い階段が付いています。階段があることでこの装置には建築的な表情が生まれ、どこか祭礼のための小神殿のような趣を醸し出していました。

その隣りには、黄道座標を測る「ラシヴァラヤス・ヤントラ」があります。大きさも、形も、その方向もバラバラですが、十二基で一群を成している様子には、よってたかって星を観測している感じが良く出ています。黄道座標というのは太陽や惑星の位置を示すのにはとても便利ですが、測定がむずかしい。測定の基準線（黄道の北極の方向）が時間とともに動いていくからです。十二基の観測台の斜辺の傾きがひとつひとつ違っていますが、観測者はそのひとつ（斜辺の延長上に黄道の北極がある台です）を選び星の位置を測定しましたが、二時間後には別の台に移る必要がありました。夜空が回転していくからです。

その前方は「ジャヤ・プラカシュ・ヤントラ」です。矩形の基壇に白大理石で造られた半球（セトモノのご飯茶碗の内側を想像してください）が二つ並んで埋め込まれています。半球の直径は五・四メートルですから、建築の単位でいえば三間角に内接する大きさ、つまりこのなかに小住宅が入るぐらいのサイズです。「茶碗の内側」と書きましたが、実は茶碗の半球面は短冊状にブツ切りにされていて、その短冊を下から板状の壁が支えています。観測者が短冊と短冊の間に入って、曲面側から観測できるようにしてあるのです。短冊の表面には無数の細い曲線が縦横に刻み込まれています。私は、その絵画的な美しさに目を瞠り、思わず感嘆のため息を漏らしました。曲線の織りなす幾何学模様は惑星の軌道や軌跡を写し取ったものだと思いますが、まるで精密機械の目盛りや列車のダイヤグラムを見ているような錯覚さえ覚えます。また、半球の上面に水平に張られている細い針金も注目に値します。中心部には五円玉のような穴あきの小標が取り付けてあり、この小穴から入射して曲面を刻々と移動する光点を観測する仕組みです。私はすっかり「ジャヤ・プラカシュ・ヤントラ」に心奪われてしまいましたが、この装置の役割や使い方については実のところさっぱり理解できませんでした。念のため書きますと、『天文学史』（恒星社厚生閣）という本によるこの装置の解説は「天球を模して表面に種々の曲線が描かれており、人が通れるように時圏に沿ったすきまがある」「各天体の赤道・地平両座標を測る」というものでした（何のことだかお分かりになりますか？）。

最後に大物をひとつ紹介しておかなければなりません。「風の宮殿」から見えた巨大な三角定規「サムラート・ヤントラ」です。この装置は「器具の王様《ヤントラ・ナジ》」とも呼ばれているとおり、風格といい、その異様な大きさといい、あたりを払う感じがあります。二枚の三角定規型の壁が階段を挟んでいるのは「ラシヴァラヤス・ヤントラ」と同じですが、なにしろ二十七メートルもの高さがありますから、真正面から見上げると、まるで天空に架け渡された階段のように見えます。そして、その左右には鳳凰が羽を広げたように四分円のリボン状の円弧（つまり四分儀です）が取り付いています。リボンの素材は白大理石で、そこに時間、分、秒が精密な物差しの目盛りのように刻まれています。「サムラート・ヤントラ」は日時計（天文用語では赤道環式日時計というそうです）ですから、リボン状の曲面物差しで時間を測る道具と言えると思います。日時計の影はリボンの目盛りの上を一分間に六センチ、つまり一時間に約四メートル移動します。一分間の六センチが、さらに三十の目盛りに分けられているので、二秒ごとに正確な時間が測れる実に驚異的な日時計になる……といいのですが、それが、そうは問屋が卸さなかったようです。ご存知の通り太陽には直径があり、完全な点光源ではありませんから、影がピタッと一本の線に決まらず、影に幅が出来てしまうのです。この大きな装置ですと曲面物差しの上に落ちる影は約十センチの幅になるそうです。インドの天文学者たちは一筋の藁や針のようなものを使って、その曖昧な影の中に正確な線を読みとる特別な方法を編み出したということですが、それがどんな方法だったのか、残念ながら教えてもらえませんでした。

　私を魅了したジャンタル・マンタルの装置はほかにもありますが、なにしろ受け売りの説明でいつ馬脚が現れるか分からないので、この辺でやめておきましょう。興味のある方は、せめて日時計の原理だけでもしっかり理解してから（群馬の県立ぐんま天文台の屋外に、「サムラート・ヤントラ」と「ラシヴァラヤス・ヤントラ」が、緯度を調整して再現されています）ぜひジャイプールに出掛けて行って実物を見てください。

　やれやれ。ようやく原稿を書き上げ、ふと窓の外を見るとちょうど日の出です。我が家の窓からは池上本門寺の五重塔と祖師堂の大屋根が見えますが、つい先日は塔と大堂の間から昇っていた太陽が、いつの間にかずいぶん東に寄ったあたりから顔を出すようになりました。ジャンタル・マンタルを見学して以来、遅まきながら天文に関心がわいてきたことだし、いずれティーテーブル兼用の小型の「ラム・ヤントラ」をデザインして、ベランダに据え付けてみたいと思います。

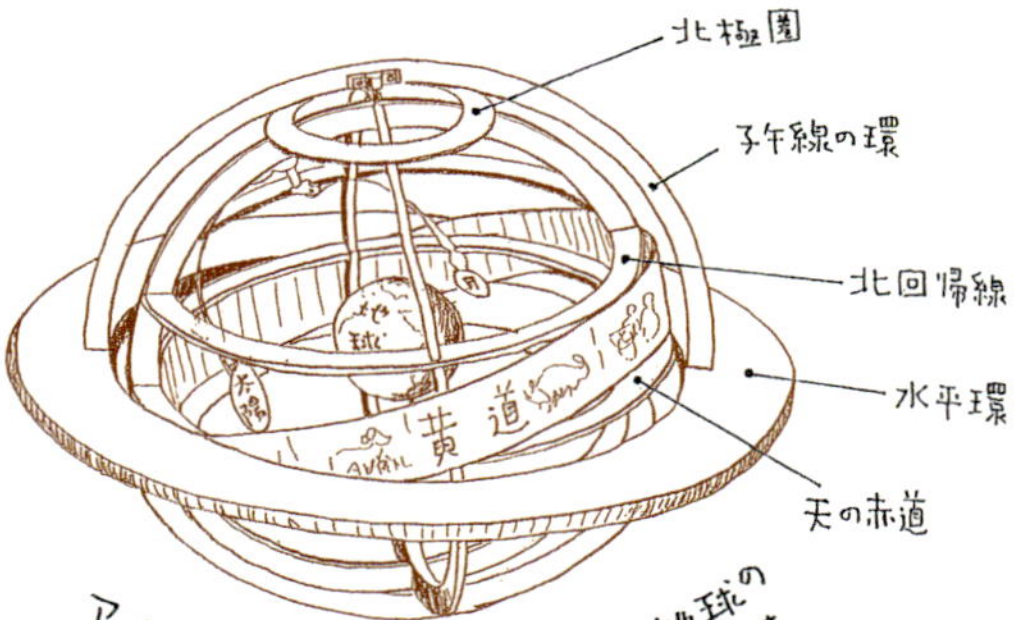

アーミラリ天球儀。この天球儀だと地球のまわりを天体がまわる「天動説」になってしまいますが、天文用語を感覚的に理解するためには大いに役立ちました。手動ハンドルで天体の動く天球儀があったら、ぜひ一台手元に置きたいものだと思います。

本の精霊に
捧げられた神殿

ストックホルム市立図書館

｜設 計｜　エリック・グンナール・アスプルンド

1928年　スウェーデン　ストックホルム

スウェーデン初の公共図書館として1928年に開館、読書好きの住民（1人あたりの年間貸出しが20冊）のための市立図書館サービスの拠点の役割を今なおはたす。建物の中心にある大閲覧室は円筒形の三層吹き抜けで、内壁をぐるりと書架が埋め尽くす魅力的な空間だ。設計者のエリック・グンナール・アスプルンド（1885〜1940）はストックホルム生まれ。単純で力強いフォルムながらリリカルな雰囲気をたたえた作風で高い評価を獲得し、北欧の近代建築をリードした。代表作に〈スカンディア映画館〉〈森の火葬場〉（下巻参照）などがある。

SKÖNLITTERATUR PÅ SVENSKA
DRAMATIK
ÅTERLÄMNING

高窓から自然光が降りそそぎ、巨大な光の井戸の内部を思わせる開架式の大閲覧室　びっしり本の詰まった書架にぐるりと取り囲まれるだけで、思わずゾクゾクと感動が湧き上がってくる

白夜の北欧を旅したことがあります。駆け足の旅だったので、行き先をヘルシンキとストックホルムの二カ所に絞り、以前訪れたことのある建築と風景をあらためてじっくり見学することにしました。

そのときのお目当ては、ヘルシンキ工科大学のオタニエミ・キャンパスにあるヘイッキ・シレン（一九一八～）の〈オタニエミ・チャペル〉、ストックホルムではエリック・グンナール・アスプルンド（一八八五～一九四〇）の〈森の火葬場〉と〈ストックホルム市立図書館〉でした。

ヘイッキ・シレンのことや〈森の火葬場〉についてはいずれ書くことにして（下巻参照）、まずはアスプルンドのストックホルム市立図書館から取り上げたいと思います。

私の知る限りヨーロッパには魅力的な図書館が多いような気がします。古くはミケランジェロが入口ホールの大階段をデザインしたフィレンツェのラウレンツィアーナ図書館がそうですし、パリにはアンリ・ラブルースト（一八〇一～七五）の設計した国立図書館とサント・ジュヌヴィエーヴ図書館という図書館建築の二大傑作があります。また、ダブリンのトリニティ・カレッジには、「ロングルーム」と呼ばれるすばらしい図書館があり、二十世紀になってからは、フィンランドのアルヴァ・アアルト（一八九八～一九七六）が数々の図書館の佳品を残しています。そうした図書館の名作の様子を次々に思い浮かべてみてあらためて気づくのは、すべて開架式図書館であることです。

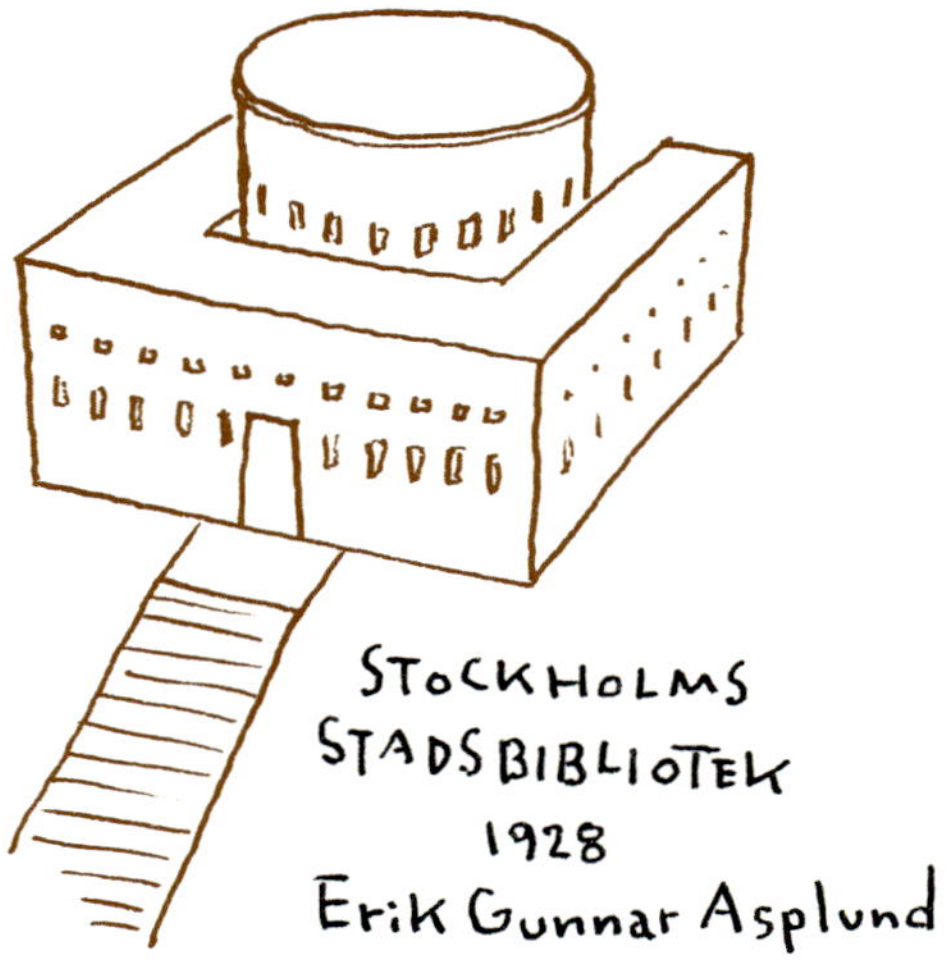

しかもそのほとんどの図書館には、壁面を覆い尽くす書架が造りつけられていて、びっしり並んだ背表紙が本好きの利用者を四方八方から暖かく包み込んでくれます。図書館のあり方を考える上で、私にはこのことがもっとも大切に思えるのです。

膨大な本を効率よく収蔵し、合理的に整理整頓し、能率的に出し入れするには、本棚を「川の字型」に連続して並べるのが一般的で、開架式図書館の多くはその方式を採用しているようです。しかし、それでは本当の意味で「図書館の愉悦を味わうことができない」というのが、本にも図書館にも思い入れのある私の意見です。「では、閉架式図書館なんかは、どうなの？」と尋ねる方もいるでしょう。実をいえば、私は閉架式図書館の閉鎖的でもったいぶったところがどうにも好きになれず、最初から図書館の仲間に入れていないのです。どんなに規模が大きく蔵書数が莫大でも、閉架式なら単なる「大きな書庫」あるいは「図書資料の倉庫」であり、図書館の「館」という字に値しないと思うからです。たとえば千代田区永田町にあるあの立派な施設の名前も「国立国会書庫」ぐらいでいいと思います。

さ、さ、なにはともあれ、まずストックホルム市立図書館の内部の写真をとくとご覧いただきましょう。

ね？

本とその著者に捧げられた、このように美しい空間こそ「図書館」と呼びたいのです、私は。先ほど「図書館の愉悦」と書きましたが、巨大な光の井戸のような大閲覧室の円筒形の空間にたたずみ、ぐる～り三百六十度、三層分、約八メートルに及ぶ高さの本に囲まれてみると、気持ちは高ぶり「オオーッ」という言葉にならない唸り声が体の奥から湧き上がってきます。「良い建築ははらわたに響いてくるものだ」という言葉がありますが、まさにその通り、感動のボディブロウです。私を取り囲むこの本棚の中の本のほとんどは、実際には私に読めない文字で書かれているのですが、そんなことさえ忘れて「本」そのものに備わっている名状しがたい魔力と妖しい力に抱きすくめられ魅了されるのです。本の背表紙から照射される強烈なオーラを熱いシャワーのように全身に浴びていると身も心も陶然として、ただもう無言で呆けたように立ち尽くすしかありません。背表紙のひとつひとつはその本に書かれている未知の世界への入口扉で、ひとたび扉を開けて中に歩み入れば、一冊一冊にその本ならではの壺中の天地が待ち受けているのだという想念が、私の心を熱く騒がせます。図書館という場所はお目当ての本が即座に見つかることも大切ですが、なによりもまず「本というもの」について思い至らせてくれる魅力的な空間であって欲しいし、匂い立つ本の香気を封じ込めた、世にも美しい容器であって欲しいと思うのです。

図書館は誰がなんといったって壁面ぐるり本棚の開架式！これに限ります。

円弧を描く書架は3層の床レベルを持っている　背表紙を眺めて移動しているうちに、いつのまにか見覚えのある背表紙に戻ってくるエンドレスの感じは、円形プランでなければ味わうことのできない愉悦だろう

写真を見ながら、めくるめくような大空間を思い出しているうちについつい興奮して、読者をいきなり大閲覧室に連れ込んだ上、独断的な意見まで述べてしまいました。

ここでもう少しストックホルム市立図書館について説明しておきましょう。この図書館は二十世紀スウェーデンの代表的な建築家、エリック・グンナール・アスプルンドによって設計されました。工事は一九二四年から一九二七年にかけて行われ、一九二八年に開館しています。これまで幾たびか運営上の必要に応じて増改築や改修が繰り返されましたが、アスプルンドのオリジナルデザインは損なわれておらず、今でもその力強い構成の原型をとどめています。建物の中心に直径三十メートル、高さ三十二メートルの巨大な円筒形の閲覧ホールを据え、その円筒にピタリと寄り添うように細長い四棟の建物（西棟は一九三二年に増築されました）が取り囲んでいます。つまり外観は、四角い豆腐の真ん中に茶筒を立てたような、一度見たら忘れることのできないモニュメンタルな形態です。直方体と円筒という純粋幾何学形態の組み合わせから、私はとっさに古代エジプトの神殿を連想しましたが、近寄ってよく見れば外壁の中程の高さに帯状に取り付けられているレリーフのエジプト趣味の模様といい、わずかに上すぼまりになった壮大な正面入口枠の門型といい、明らかに神殿建築がモティーフになっていることが判ります。

図書館は小さな丘の上に建てられていて、利用者は建物の偉容を見上げ、緩やかな階段状のスロープを踏みしめながら近付くことになりますが、ここでもどことなく神殿に詣でる気分を味わいます。そしてこの儀式的なアプローチは建物に入ってからも続きます。入口の回転扉を押して入ると、そこはたっぷりした天井高を持つエントランス・ホール。その真正面にあるクレバスのような黒色の壁の裂け目には、ほんのわずか先細りになった勾配の緩い主階段が設けられていて、利用者をさらに奥にある巨大な円筒形の光の井戸の内部、すなわち先ほど書いた大閲覧室へと誘い込みます。アプローチが神殿のようだと書きましたが、いったん建物の内部に入るとそこはむしろ墳墓の中のようでもあります。そして階段を昇りきったとたんに、天空から内径二十八メートル、内法《うちのり》高さ二十四メートルの円筒がバケツを伏せるように降ってきて、体ごとすっぽり覆われた利用者はこの壮麗な閲覧室の虜となるのです。

閲覧室の片隅に設けられた手洗い兼水飲み場
色といい形といい「巨大な硯」を連想させる
デザインもアスプルンドによるもの

巨大な光の井戸の素晴らしさを説明するためには、曲面壁の上部に穿たれた二十カ所の高窓から降り注ぐ自然光の効果についても触れないわけにはいきません。高さ二十四メートルの吹き抜けの下部約三分の一が本棚で、上部はさざ波模様に塗られた白いスタッコ壁ですが、高窓から差し込んだ自然光は、この白い曲面壁を柔らかくなめ、反射し、拡散され、透明な光の粒子となって空間全体に朝霧のようにたゆたうのです。つまり、この空間は本の精霊たちに捧げられた神殿であり、同時に、美しく制御された自然光に捧げられた神殿なのです。

閲覧室の大空間だけがこの図書館の見どころではありません。アスプルンドは細部のデザインにも並々ならぬ情熱を注ぎ、随所に効果的な建築的装飾をちりばめています。大閲覧室に至る階段手摺にきっちり巻かれた黒い革、手摺の端の真鍮のリング飾り、要所要所に配された照明器具、閲覧室の片隅に据えられた大きな硯のような水飲み場、そしてそこに取り付けられた人物彫刻のカランと蛇口、ちょっとした家具にも施されている象眼などの手の込んだ細工、それぞれにどこか蠱惑的な表情を持つ個性的な椅子たち……。

それらの細部が、ドレスアップした貴婦人を飾る装身具のような独特の効果をもたらし、ともすれば固くなりがちな建築にふくよかで華やいだ雰囲気を醸し出しています。こうした魅力的な建築装飾を眺めていると、装飾というものを徹底的に排除した近代建築というものが、なんだか融通の利かない生真面目な堅物のように思えてくるから面白いものです。建築が機能的で、合理的であることにまったく異論はありませんし、ダイナ

仄暗い小部屋は子供に本を読み聞かせるためのもの　ニルス・ダールデールの幻想的なフレスコ画を背にして朗読者の座る大振りの椅子が置かれている

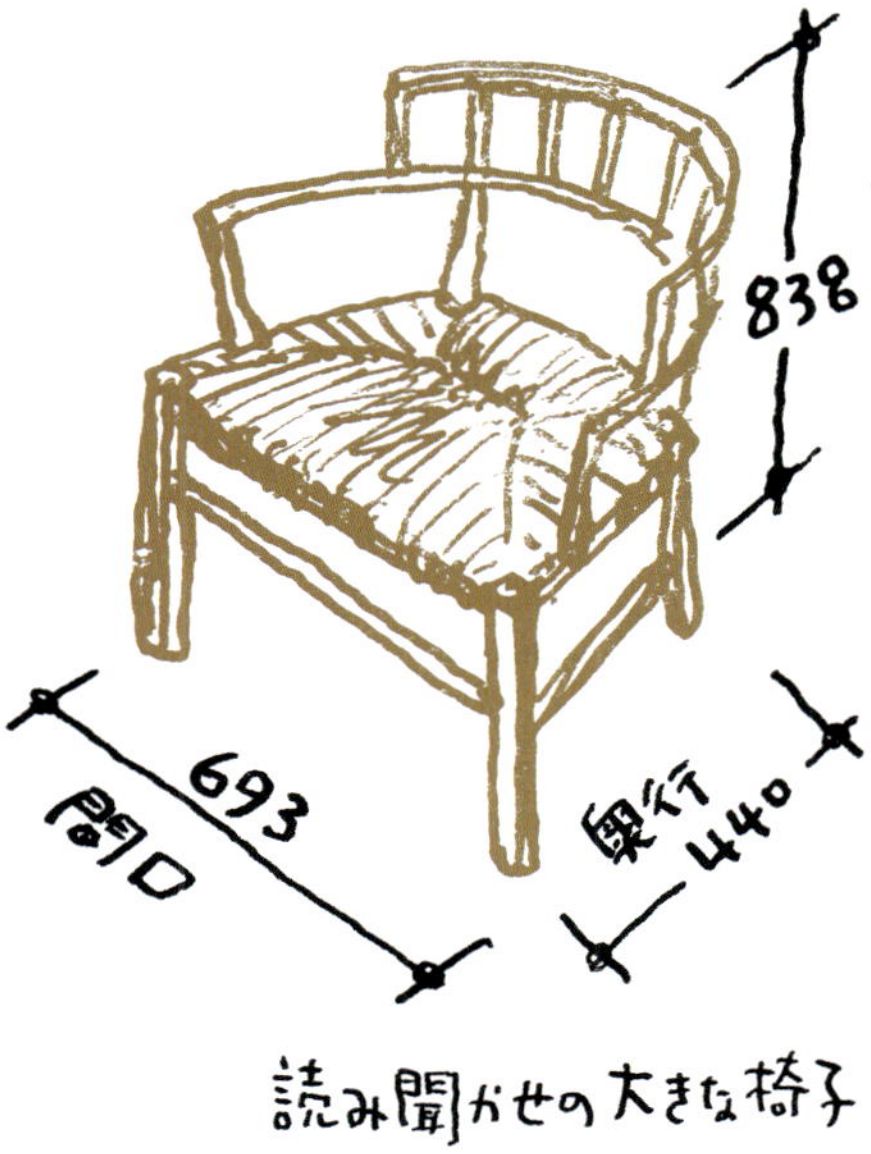

ミックな空間構成も大いに結構。もちろん、鉄とガラスとコンクリートだけで作られたミニマルアートのような、スカッと簡潔明快な建築に感動しないわけではありませんが、ふと、それだけが建築のすべてになってしまったら、建築ならではの「物語性」と「神秘性」が、「機知」と「ユーモア」が、そして「夢」というかけがえのない宝物が失われてしまうことに気づき、寂寞とした思いにとらわれるのです。

「建築は知性と理性の産物であるだけでは充分ではない、建築はなによりも夢想の産物でなければならない――」とアスプルンドが言ったかどうか、あるいは考えていたかどうか、今となっては知る由もありませんが、この建物を巡り歩いていると、どこからともなくアスプルンドのそうした確信に満ちた低いつぶやき声が聞こえてくるような錯覚にとらわれるのでした。


「夢想の産物」で思い出しました。

　ストックホルム市立図書館にはもうひとつ、忘れずに書いておきたい心くすぐる場所があります。それは、一階の子供専用の図書コーナーの奥にある、幼い子供たちにお伽話を読み聞かせする部屋です。ちょっと秘密めいた薄暗い部屋の隅は半円形の洞窟状になっていて、その中心に読み手の椅子が置かれています。椅子の背後の壁には画家ニルス・ダールデールによる、スウェーデンの民話を題材にした幻想的なフレスコ画が描かれていて、この部屋の童話的な雰囲気をいっそう盛り上げています。子供たちは読み手を取り囲むように置かれた円弧型のベンチに腰掛けたり、床に直接座ったりして「お噺」に聞き入るのです。この小部屋にはお伽話を語って聞かせたくなる、あるいは聞かせてもらいたくなる森の中の草地のような親密な空気が充満しています。そういえば、読み手のための椅子もこうした芝居じみた雰囲気に一役買っていました。縄編みされたこの素朴な椅子もアスプルンドのデザインだそうですが、横幅が普通の椅子の一・五倍ぐらいある異様な大きさに作られていて、この椅子を取り囲む子供たちに小人になったような気分を味わわせてくれる趣向です。

　幼児のために作られた部屋なのですが、円弧型のベンチに腰掛けて、からっぽの朗読者の椅子を見つめているうちに、私はこの場所で魔女的なムードの女性か、怪人的な雰囲気を持った男性に何かしかるべき本を読み聞かせてもらえたらどんなにワクワクドキドキするだろうと、そんな想像をしていました。

　たとえば、そう、岸田今日子さんに宮沢賢治の童話を（岸田さんにムーミンじゃあ、あまりにもハマリ過ぎですからね）読んでもらうとか、オーソン・ウェルズをあの世から呼び戻して「ピーターパン」の冒険譚をひとくさり語ってもらうとか……。

　もしかしたら、この図書館には、知らず知らずのうちに人を「夢想に誘いこむ」気配も潜んでいたのかもしれません。

石塀に会いにゆく

閑谷学校

寛文10年（1670）　岡山県備前市

名君とうたわれた備前岡山藩主・池田光政（1609〜82）が「読書・学問するによき地」として、武家の子弟のための藩校とは別に、庶民のために開いた学校。儒学にもとづく教育がなされ、他藩の子供達も受けいれた。美しい備前焼の瓦をいただく講堂や聖廟、神社、校門などを、卓越した職人技の石塀が囲む。講堂（国宝）は元禄14年（1701）の再建だが、近世学校建築としては現存最古。良材を吟味し、風雨にさらされる部分は黒漆で補強してある。磨きこまれた床板に正座し論語を朗読するのが、今も続く閑谷（しずたに）の年頭行事だ。

閑谷学校の敷地を取り囲む石塀　念入りに積み貼りされた瀬山石の色合いと風合いの美しさは格別　ただただ陶然と眺め入るばかり

「習い性となる」という言葉がありますが、あれ本当ですね。

私は、十代の終わりごろから建築の世界に身を置き、それからというもの四六時中、建築のことばかり考えて暮らしてきましたが、あるとき、自分が見るもの聞くものはもちろん、感じ方までことごとく建築と結びつけてしまう性格になっていたことに気づきました。

ジャズ一筋に生きてきた渡辺貞夫さんは「メシ喰ってるときもジャズだ！」と言い放ったそうですが、私にはその気持ちが実感としてよく分かります。肩肘張らないマイペースの取り組み方ですが、私も「メシ喰ってるときも建築だ！」で、これまでずっと過ごしてきたような気がするからです。

そんなわけですから、ぼんやり風景を眺めていても、ふと、その風景の中に「建築」が二重写しになって見えることがあります。いや、もっと分かりやすく「風景の中に部屋が見える」と書いた方がよいかもしれません。

たとえば、私が週末や休暇を過ごす神奈川県の大磯には、「こゆるぎの浜」というたいそう美しい砂浜があり、私はそこに、朝なら魔法瓶に詰めたカフェオレとパンと果物の簡単な朝食を持って、夕方なら缶ビールか、冷やしたシェリー酒を携え

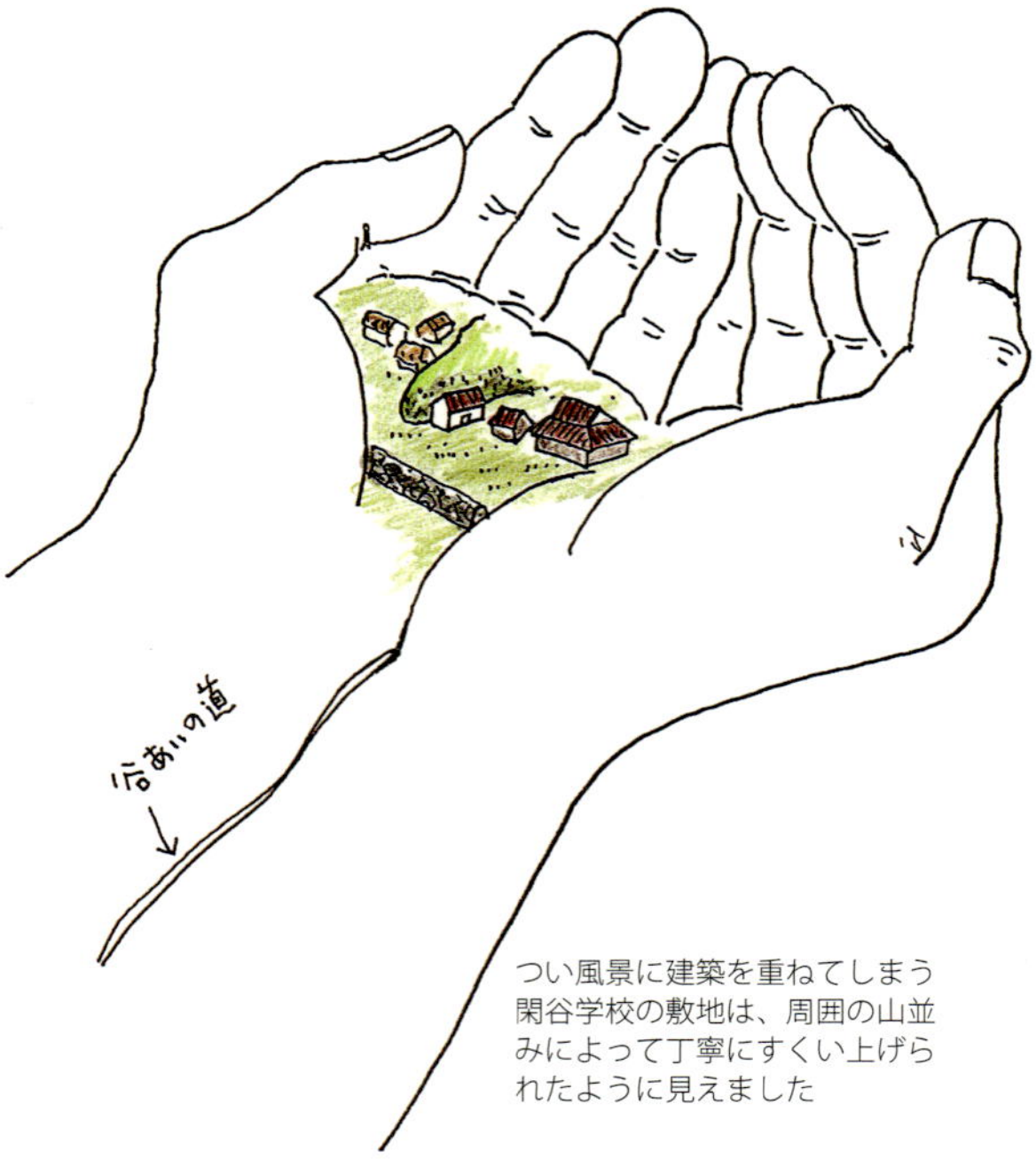

つい風景に建築を重ねてしまう
閑谷学校の敷地は、周囲の山並みによって丁寧にすくい上げられたように見えました

て出掛けますが、砂浜にある海岸段丘に座ってのんびり海を眺めていると、松林を背にしたその段丘が、太平洋という広い庭に面した気持ちのいい「縁側」のように思えてくるのです。

また、山荘の設計を依頼されて敷地を下見するときなど、林の中の傾斜地に、食堂はこのへん、居間はここ、浴室は眺めの良いこのあたり、と間取り《プラン》があぶり出しのように浮かび上がってくることがあります。ちょっと奇異な表現かもしれませんが、地形だけでなく、吹いてくる風や陽射しまでが笑顔で手招きして、「部屋」を呼んでいるような気がするわけですね。こうなれば設計作業は簡単、あとはそれを図面にしたり、模型で外形や内部の空間を確認したりするだけで基本設計の大筋は完成します。

風景や地形から建築を思い浮かべる習性は、私の場合、建築家という職業によって知らず知らずのうちに培われたものですが、それが建築家特有のものではなかったことに気づく機会がありました。

風景に建築を重ね合わせて見ることのできた達人が三百年以上前にもいて、非の打ちどころのない見事な実例を岡山県の備前に遺していたのです。

文化10年(1813)に描かれた《閑谷学図》(部分)　左手の茅葺きの家並が寄宿舎で、火除山をはさんで講堂、高台には聖廟と閑谷神社がならぶ
紙本着色　35.8×532.0cm　岡山県立博物館

閑谷《しずたに》学校を創設した池田藩の藩主、池田光政（一六〇九〜八二）がその人です。池田光政は熱心な儒教の徒であり、仁政主義を貫いた名君として有名ですが、教育に非常に重きをおいた人で、寛文十年（一六七〇）に、庶民の子供も学ぶことのできる閑谷学校をつくりました。そして、その学校用地の決定に光政の「風景に建築を見る眼」がしっかり働いていたのです。

一六六〇年代の半ば頃、光政は岡山の領地内に池田家墓所のための土地を探していました。もともとの菩提寺だった京都妙心寺の護国院が火災で焼失してしまったからです。そして、墓所の候補地探しの大切な任務を、懐刀とも言うべき優秀な側近、津田永忠に命じました。命を受けた永忠は領内をくまなく歩いて候補地二カ所を選び出し、光政を案内したのですが、その土地のひとつが後に閑谷学校の用地となった和気郡木谷《きだに》村です。

谷あいを分け入るようにたどり、一番奥まった場所にあるポッカリと空いた谷間の拡がりがその場所で、両手で水をすくうときの手のひらの形のような山並みに優しく包まれた静かな盆地でした。

光政が木谷村を訪れたのは晩秋だったと伝えられていますから、盆地を囲む山々は紅葉の盛りでさぞ美しかっ

石塀の全長は765m　高低差のある敷地の周囲を這いながら巡る量感に満ちた石塀の姿からイサム・ノグチの仕事を思い浮かべるのは私だけではないに違いない

巨大なナマコのような
石塀　石貼りにねじり
のパターンがあるのが
お分かりでしょうか？

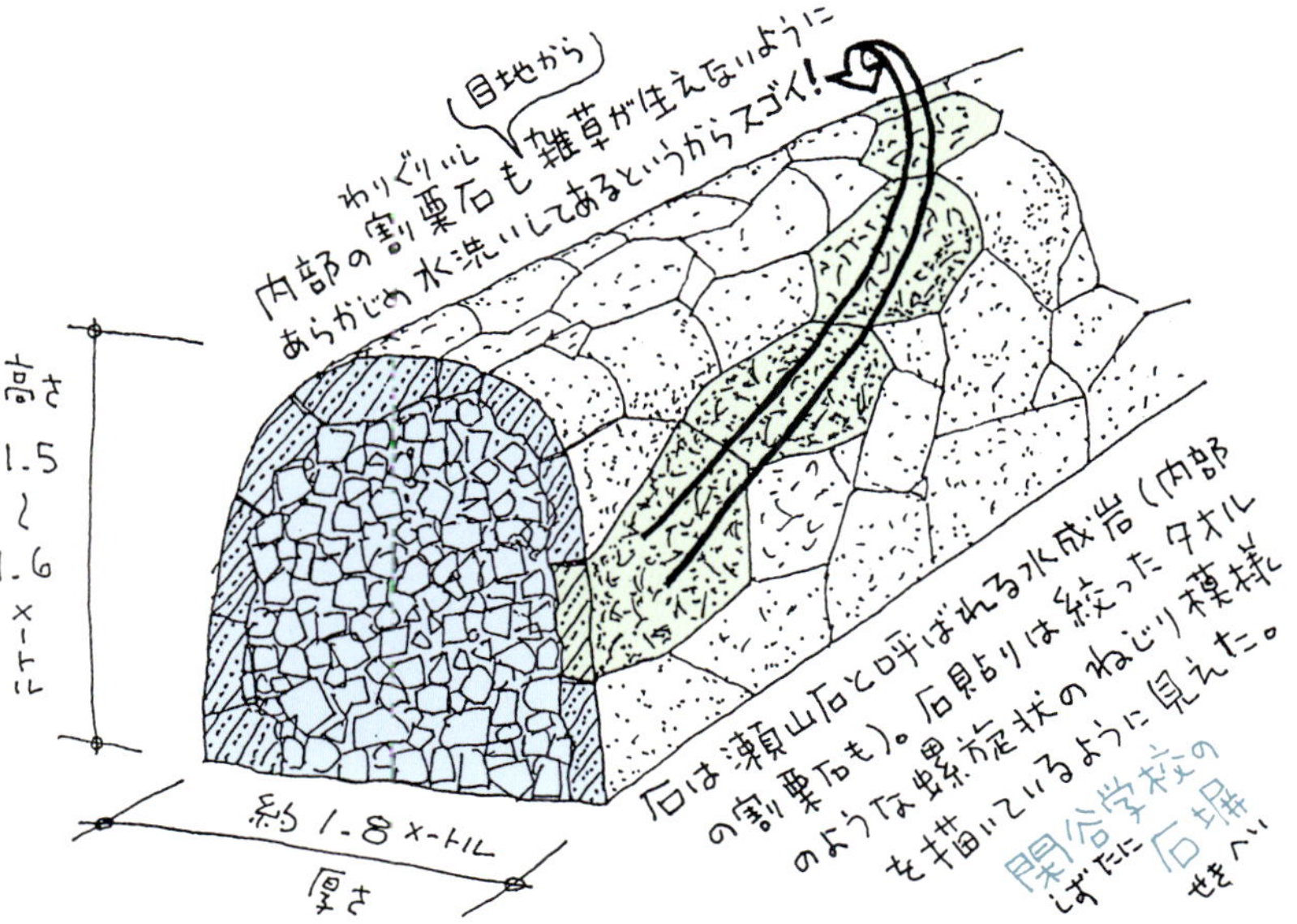

内部の割栗石《わりぐりいし》も
目地から
雑草が生えないように
あらかじめ水洗いしてあるというからスゴイ！
高さ
1.5〜1.6メートル
約1.8メートル
厚さ
石は瀬山石と呼ばれる水成岩（内部
の割栗石も）。石貼りは絞ったタオル
のような螺旋状のねじり模様
を描いているように見えた。
閑谷学校《しずたに》の
石塀《せきへい》

たことでしょう。その風景をひとあたり眺め渡した光政は「ここは、お墓じゃなくて、むしろ学校にうってつけの場所だな」と直覚したのです。さらに言えば、谷そのものが学校に見え、熱心に学ぶ子供たちの姿が瞼に浮かんだにちがいありません。山に囲まれた求心的な空間は、落ち着いて勉強するためには理想的な環境です。山深い谷あいの空間が、今風に言えば「キャンパス」の全景として光政の脳裏にはっきり描き出されたのだと思います。「木谷」という地名は、そのとき「閑谷」という、いかにも閑寂な気配を伝える美しい名前に改められました。

私は、風景や地形の中に「建築」が潜んでいるということから書き始めましたが、そのことは、閑谷学校を初めて見学した三十年前にはさほど強く感じていませんでした。もちろん「学校の場所としては、気が散らなくてなかなかいい場所だな」くらいには思っていましたが、学校という用途と地形との関係について思いを巡らすことはありませんでした。まだ設計実務の経験が浅く、風景を見る目や、地形を感じる力が身についていなかったのかもしれませんし、石塀《せきへい》や備前焼の瓦屋根など、ほかのことに目を奪われていたからかもしれません。

俗世間から隔絶された場所で、学問というひとつの目的を共有しつつ営む集団生活は、どこか修道院の暮らしを連想させます。山に囲まれた地形も、近くを流れる川の様子も、あたりに漂う空気も、私にはプロヴァンスにあるシトー派の修道院などと共通するものがあるような気がしてなりません。

地形と言えば、閑谷学校の敷地内の配置には、地形を利用した特別な工夫があることにも触れておきたいと思います。

この学校は寄宿制で、寄宿舎や食堂、厨房などが敷地西側に配置されていましたが、これら火の気のある日常の生活圏と、東側の講堂や聖廟などのある勉学、儀礼のための領域の間に、「火除山《ひよけやま》」と呼ばれる延焼を防ぐための丘がうまい具合に造成されているのです。

防火壁を造ることはありますが、防火のためにわざわざ山を築くという大がかりな土木工事をするのは日本ではあまり例のないことだと思いますが、背後の尾根を延長する形で造られた火除山の効果は絶大で、弘化四年（一八四七）に学房（寄宿舎）からの失火で西側にあったほとんどの建物が焼失したときも、東側の建物への延焼はなかったと伝えられています。

裏山に登り敷地全体を見おろすと、神社、聖廟、講堂、飲室（休憩用の部屋）、文庫など、用途も規模も様々な建物が、山ひだによって生まれた不整形な平地と高低差を巧みに利用し、近からず遠からず、適度な距離を保ちながらゆったりと配されていることが分かります。火除山がどれほど防火に有効なのかも、そこからだとよく見てとれます。文化十年（一八一三）には、山に囲まれた学校全体を俯瞰した見事な「閑谷学図」が描かれました。寺院の伽藍を連想させる配置を、ちゃんとした絵図にしておきたくなる気持ちは私にもよく理解できます。

池田光政が初めてこの谷を訪れ、あたりを見渡したとき、こうした絵図まで頭に浮かべていたのかどうか……建築家としては大いに気になるところです。

閑谷学校を最初に見学したとき、たちまち魅せられ、強烈な印象としていつまでも心に残ったのは、敷地をぐるりと囲む石塀の風合いのある材質感と、精度の高い石工の技術、そしてそのたおやかで彫刻的な姿でした。実は今回は、石塀をもう一度じっくり眺めたり撫でたりしてみたいと思って出掛けたのです。

石塀は学舎という聖域を縁取る結界の役割をしており、延べ長さは七百六十五メートルあるそうです。その特徴は断面がカマボコ型をしていることと、石積みではなくこの地方で瀬山石と呼んでいる水成岩の割栗石《わりぐりいし》を土塁状に築き、そこに同じ水成

［左頁上］備前焼の瓦で葺かれた大屋根の講堂と文庫（左手の白壁の建物）の背後にせり出している芝生の丘が火除山　石塀に囲まれた敷地のなかは広々としていて、羨ましいぐらいゆったりとした静かな勉学の環境
［左頁下］国宝の講堂内部　禅宗の寺院に範をとった花頭窓の明かりが、磨き込まれた床面を照らす

岩の切石をパッチワークの要領できっちりと積み貼りしていることです。ちょっと測ってみると、塀の厚さ（幅）は約一・八メートル、校庭側からの高さは一・五〜一・六メートルぐらいでした。解説書によると、後になって目地の隙間から雑草が生えてくる見苦しさを嫌って、内部の割栗石をあらかじめよく水洗いし、雑草の種を含んだ土を取り除いておくという実に念の入った仕事がしてあるそうです。

石塀について、その構造も工法も材質も分かった上で心に湧き上がってくるのは「それにしても、なんという魅力的な形なんだろう！」「なんという美しい石貼り模様だろう！」という単純で率直な感銘です。

近寄ってよくよく石貼りのパターンを見ると、ほとんどの石は変形の四角形から六角形までの多角形で、精妙な組み合わせによるパターンの絵画的な魅力は、いくら眺めても見飽きることはありません。

ひとつの石からその次の石へ、そしてまた隣りの石へと、ひとつひとつを目で積み上げるように眺めていくと、自分が石工になったような気持ちになってきます。石の複雑な組み合わせがジグソーパズルのようにピタリと嵌っている見事な出来映えの箇所に来ると、満足げな笑顔を浮かべた石工たちの肩を叩いて労をねぎらってやりたくもなるのです。そのようにして石は次第にカマボコの肩の部分にさしかかり、柔らかな丸みを帯びてきて上面へとつながっていきますが、パターンは単に上に積み重なっていくのではなく、絞ったタオルのように螺旋状のねじり模様を描いているように見えました。長い長い石塀に裂け目や割れ目がないのは、石貼りの組み合わせ方にこうした工夫がしてあるからかもしれません。

石塀の間近な観察を堪能した私は、次に講堂の縁側に腰掛けて、少し遠くから眺めてみることにしました。杉木立の山をバックに真一文字に延びる石塀のモダンな美しさは、また格別。見ようによっては、イサム・ノグチの彫刻が横倒しになっているようでもあります。磨き込まれた縁側の床板の感触は心地よく、ゴロリと横向きに寝て、頬杖をついて眺めたらさぞかし気持ちがいいだろうと思い、そうしようとすると、傍らで「縁側に寝そべらないこと」という注意書きの木札が睨んでいました。どうやら私と同じことを考える「石塀好き」がいるらしいのです。

そうそう、うっかりしていました。閑谷学校は儒教の教えで名高い学校なのですから、そんなお行儀の悪いことをしてはいけないのでした。

ひとひねりした住宅

母の家

｜設計｜ ロバート・ヴェンチューリ

1962年　アメリカ　ペンシルヴァニア州フィラデルフィア

実践と理論の両分野で活躍するアメリカ現代建築の第一人者ロバート・ヴェンチューリ（1925〜）が、未亡人となった母のために建てた家。施主の注文は、車庫は不要、予算はそれほど多くない、もったいぶった家にしたくない——の3つだけだったが、設計になんと5年を要し、ペンシルヴァニア大学の教え子たちの語り草にもなったという。出身はフィラデルフィア。プリンストン大学卒業後、エーロ・サーリネンやルイス・カーンの事務所を経て1957年に独立。近年の代表作に〈シアトル・アート・ミュージアム〉などがある。

大学の新しい学年が始まると、建築学科にも新入生がきます。期待と好奇心に目を輝かせた彼らに、製図道具の扱い方や使い方を教える季節です。

　建築を志し建築科に入学したとはいえ、製図に関してはまったく素人の学生に、鉛筆の持ち方から線を引くときの姿勢、筆圧と運筆のスピードなどを、実演を交じえながらみっちり教えていると、ふと、デパートの「万能包丁売り」のおじさんになったような気持ちがしたり、弟子にカンナの要領を伝える棟梁の気持ちになったりしますが、そう思いながら私は、この一年生の授業を大いに愉しんで受け持っています。世の中は図面もスケッチもすべてコンピューターで描く時代になりつつありますから、こんなのどかな寺子屋式の授業ができるのも、今のうちかもしれません。

　図面の線がヨチヨチ歩きながらもどうやら見られるものになってきたら、つぎのステップで建築模型の作り方を教えます。建築空間を立体的に把握するための、もっとも手っ取り早く確かな方法が模型製作だからです。

　と、簡単に書きましたが、模型作りには実はちょっとやっかいな問題があります。テクニックに関しては、もちろん器用不器用、上手下手の個人差があるのですが、それはそれとして、本当に難しいのは「建築模型はどうあるべきか」を感覚として伝授することです。

　模型というものはひと目見ただけで、これは「いい」、これは「ダメ」とはっきり分かるものですが、いざ、学生にその違いを説明しようとすると、言葉に詰まってしまうのです。

　ここで問題になるのは、模型の精度や出来映えではありません。どんなに技巧を凝らし精巧に作っても、いや、精巧に作れば作るほど「建築模型」から離れていってしまうことがあるのです。たとえば、手先が器用で几帳面な仕事をする女子学生が、ドアや引き戸が開閉できたり、窓にレースのカーテンが下がっていたりする、おそろしく手の込んだ模型を作ってくることがありますが、残念ながらそれは、ただ単に縮尺の正しい「人形《ドール》の家《ハウス》」であって、「建築模型」にはならないのです。分かりやすく言えば「リカちゃんハウス」ですね。

　それから「鉄道模型」もいけません。煉瓦造りのトンネルや駅舎なんかを本物そっくりに作るあの世界は、男の子の「リカちゃんハウス」だからです。正しい建築模型であるためには、まずそうした「少女趣味」「少年趣味」を注意深く排除しなければいけません。

　建築模型は現物のミニチュアではなく、素材においても手法においても、適切に抽象化されていることが何よりも大切です。その抽象化によって、実際の建築空間への想像力が働くのです。

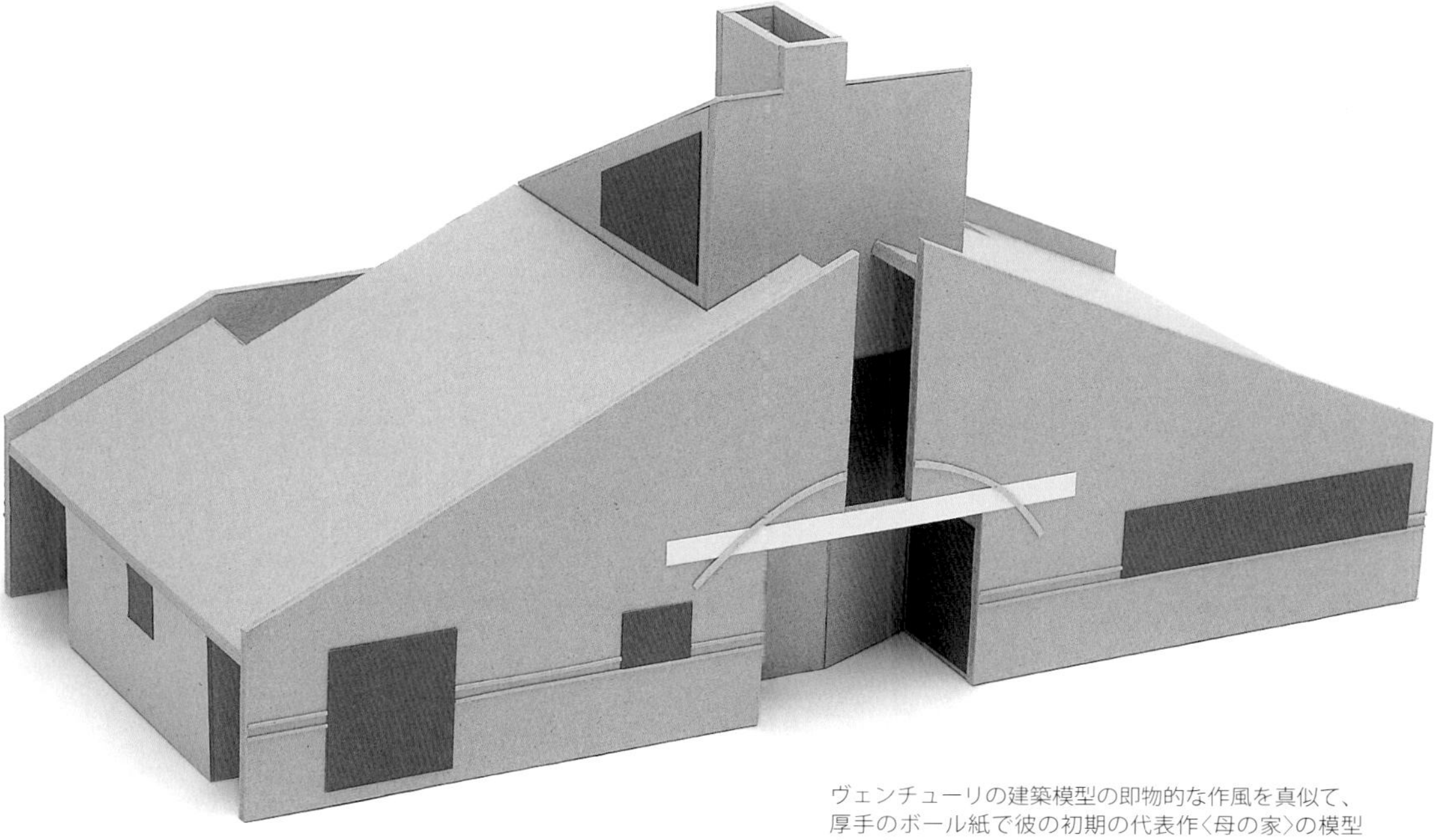

ヴェンチューリの建築模型の即物的な作風を真似て、厚手のボール紙で彼の初期の代表作〈母の家〉の模型をつくってみる　幅35.5cm　高18.2cm（縮尺1/50）
模型製作＝中村好文＋堀木三鈴

同じ模型でも、イメージが固定的で趣味的な世界に小さく閉じこもってしまうものと、建築物としての現実感をもって立ち現れてくるものとでは決定的な差がある、ということになるでしょうか。

建築模型の「良し悪し」は、実はその道のプロでも判断が難しいものです。ここで「悪い建築模型」の代表格と私が考えている実例をひとつ挙げましょう。

それはデザインと近代建築史のメッカともいうべき、あのMoMA（ニューヨーク近代美術館）に飾られている、フランク・ロイド・ライト設計の〈落水荘〉の模型です。建物はもちろん、建物を囲む森の樹々や渓流、しぶきを立てて落ちる滝なんかまでいやらしいほど本物っぽく作ってあります。つまり、正真正銘、非の打ちどころのない「リカちゃんハウス」になっているのです。

そして、逆に私が「良い」と考えている模型の代表格が、建築家ロバート・ヴェンチューリ（一九二五〜）のものです。

彼の模型の最大の特徴は簡素であること。厚紙を切って組み立て、窓や出入り口などの開口部分には色紙を貼り付けただけのなんとも素っ気ない模型ですが、その愛想のない様子が実によく建物の雰囲気を出しています。思い切った抽象化が、逆に

MOTHER'S HOUSE 1962

Chestnut Hill, Pa.
Robert Venturi

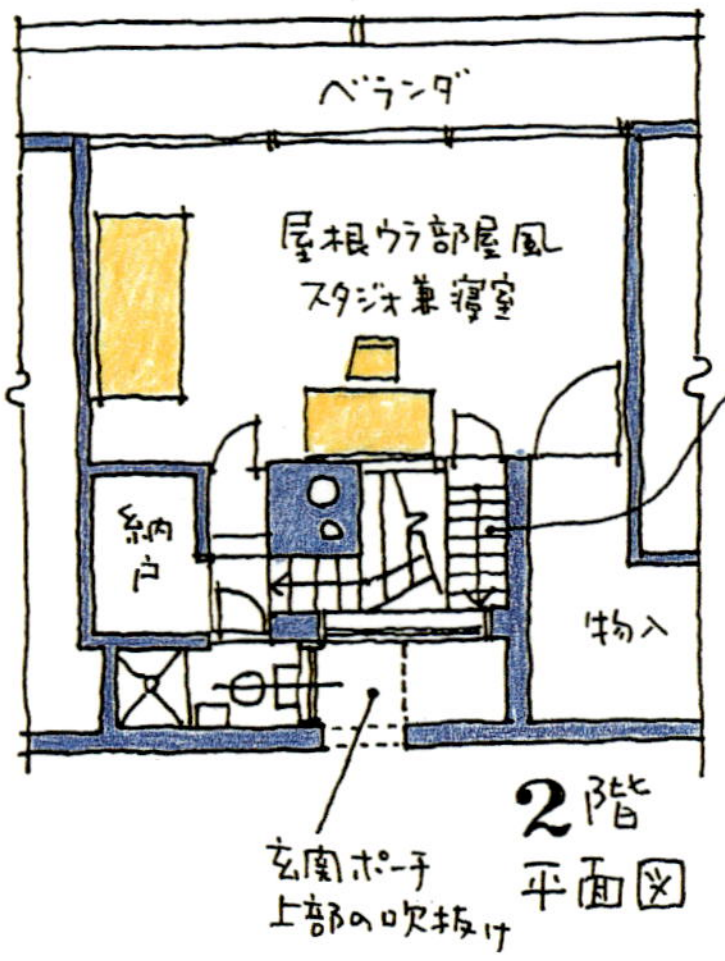

2階
平面図

ベランダ側の立面は
こういう形。

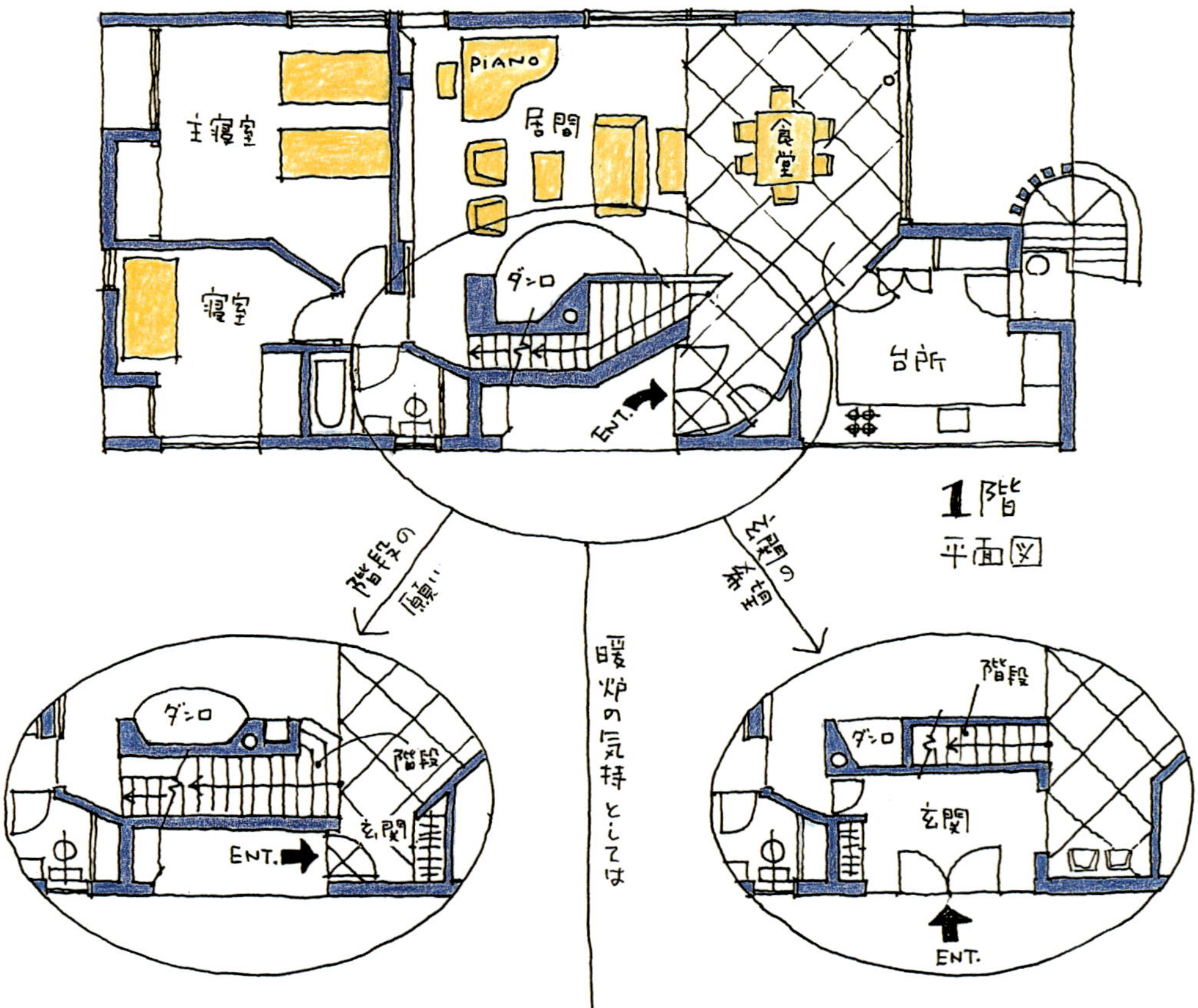

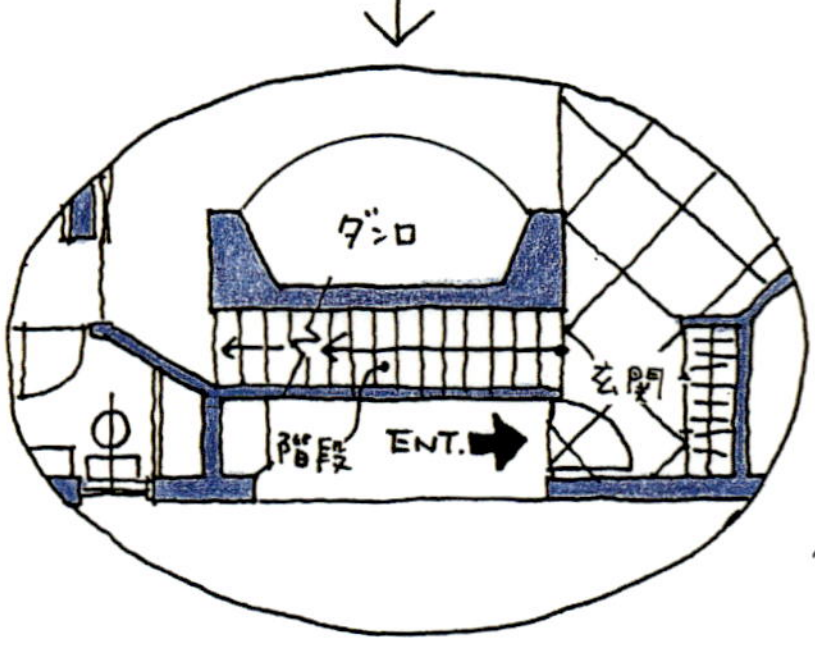

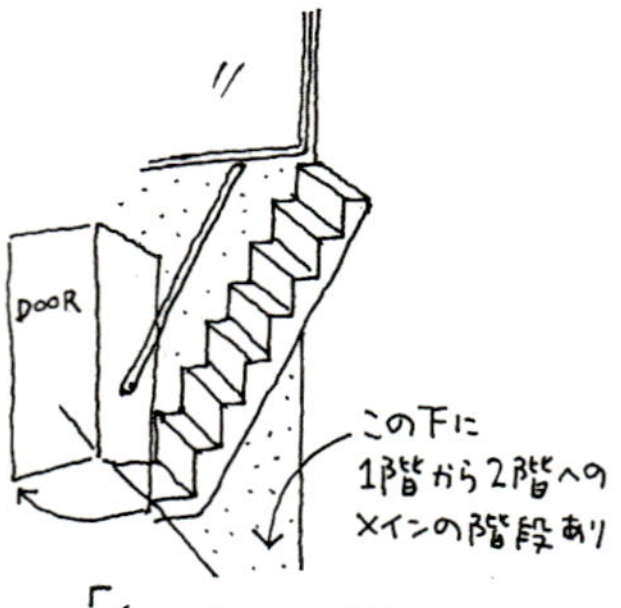

「行き先なしの階段」

玄関・階段・暖炉は実際は
この様な形でおさまっている。

不思議な存在感とリアリティをもたらしているのです。

ヴェンチューリにとって模型は、製図板のかたわらに置き、しょっちゅう切ったり貼ったりする、設計を進める上でなくてはならない立体的なスケッチであって、飾りものの完成品ではありません。そしてそのことも、彼の模型の魅力と関係があるはずです。つまり私たちはそうした「スタディ模型」を通じて、設計作業という劇的なドラマに立ち会っていることになるのです。


ヴェンチューリの初期の代表作であり、彼を一躍有名にしたのは、母親のために設計した〈チェスナットヒルの住宅〉で、この家は〈母の家〉とも呼ばれています。独立したての若い建築家が、親兄弟など身内の住宅の設計から始めるというのは、古今東西共通の通過儀礼のように思えて興味深いものです。たとえば近代建築の巨匠ル・コルビュジエも若いころ、両親のための小さな住宅（やはり〈母の家〉と呼ばれています）を設計しています。ちょっと気になって調べたら、ル・コルビュジエが〈母の家〉を完成させたのは三十七歳の時。ヴェンチューリもちょうどその歳に彼の〈母の家〉を完成させました。

ヴェンチューリの〈母の家〉は、日本風に言えば総床面積が五十坪弱で、アメリカの住宅としては小さい方ですが、設計に着手してから完成に漕ぎ着けるまで、なんと五年の歳月を費やしています。息子に理解のある母親が住み手ですから、それまでの独自の建築研究の成果をふんだんに盛り込み、真価を世に問うまたとない機会だったのでしょう。ヴェンチューリの「ここぞ！」という意気込みが長い設計期間となってあらわれているように思えます。

ここでヴェンチューリの「独自の建築研究の成果」について、少し触れておかなければなりません。彼はモダニストと呼ばれる建築家とはいくらかタイプが違います。分かりやすく言えば学者肌の研究者タイプで、建築家によくある芸術家タイプでも、職人的な名匠タイプでもありません。ヴェンチューリは歴史的な建築、とりわけマニエリスム、バロック、ロココの建築から多くを学びましたが、明晰な頭脳と透徹した眼力による研究成果は、〈母の家〉を設計しながら書いたと言われる『建築の多様性と対立性』という本にあますところなく語り尽くされています。二十世紀における最も重要な建築書とされる同書の第一章「ひとひねりした建築」が、その滋養豊富な内容をよく伝えているので、少し長くなりますが一部を紹介しておきましょう。

> 建築家は、もうこれ以上、正統な現代建築の倫理についての禁欲的なほどのことばに臆することはないと思う。私は、

［右頁］〈母の家〉平面図を、玄関や暖炉や階段の気持ちになって分析してみる　この三者が三つ巴になってせめぎ合ったあげく、最終的には実現案に落着している様子に着目いただきたい

「純粋なもの」より混成品が、「とぎすまされたもの」よりおり合いをつけたものが、「単刀直入」よりねじれまがったものが、「明確な接合」より多義的で曖昧なものが、（略）「デザイン」されたものより紋切型が、排除せずにつじつまを合わせてしまったものが、単純より過多が、革新的でありながら痕跡的であり、直接的で明快なものより矛盾にみち両義的であるものが、好きだ。私は明白な統一感より、うす汚れている生命感に味方する。私は不合理性を容認し、二重性を唱えようと思う。

私は意味の明晰さより意味の豊かさに、外にあらわれる機能より内にかくれた機能に味方する。私は「二者択一」より「両者共存」が、黒か白かというよりは黒も白も、時には灰色が好きなのだ。（伊藤公文訳／鹿島出版会）

ごらんの通り意味深長な文章で、私も完全に理解できたとは言えないのですが、要するに「現代建築ってやつは、スカッと小綺麗にカッコ良くすることだったけど、建築のほんとの面白さっていうのはそればっかじゃないんじゃないの？」と言っているのだと、勝手に解釈しています。

そしてそれが、実は〈母の家〉の設計を支えた理論的根拠になっているところが面白いのです。あっさり言ってしまえば『建築の多様性と対立性』という本をそのまま立体的な模型に

居間の中心にある壁にしつらえられた暖炉や壁に造り付けられた本棚が居心地の良さを醸し出している　室内にたたずんでいると、この住宅が「モダニズムのガラス窓に投げつけられたレンガだ」という激した言葉は信じられなくなる

［右］玄関ホールから2階に上がる階段　斜めの壁に沿って昇っていく階段が途中で突然狭くなるのは、居間の暖炉の背中がはみ出してきているため／［上］2階寝室のドアの向こうに見えるのが、有名な「行き先なしの階段」

して、原寸サイズに引き延ばしたのが〈母の家〉だったということになります。

『母の家　ヴェンチューリのデザインの進化を追跡する』の著者フレデリック・シュワルツは、〈母の家〉はモダニズムのガラス窓に投げつけられたレンガだと書いていますが、『建築の多様性と対立性』という本もまた、それまでの建築の価値観を粉々に打ち破る破壊力のある大きなレンガでした。

ヴェンチューリ自身は〈母の家〉について「多様かつ単純で、開放的かつ閉鎖的で、大きくかつ小さく、家としては容易な統一《イージー・ユニティ》より複雑な統一《ディフィカルト・ユニティ》を成し遂げている」と書いていますが、実際にこの家を訪ねてみると、そうした解説を読むより見る方がずっと分かりやすく、親しみやすく感じられました。なんだかおさまりの悪い奇妙な場所とか、意味ありげなところがいっぱいあって、理論家のヴェンチューリには申しわけないのですが、私には理屈抜きに愉しめる家なのでした。

とりわけ私が面白いと思ったのは、「玄関」と「階段」と「暖炉」が家の中心を占めたがって、三つ巴になって格闘したあげく、不思議な形で折り合いを付け、それぞれがそこそこ満足しつつ（あるいは不承不承）おさまっているところでした。私は自分が「玄関」なら、もっとこうしてほしかっただろうとか、「階段」にしてみればもう少し幅を確保してもらわなければ顔が立たないとか、「暖炉」の気持ちとしては威厳とプライドを

バラバラな要素の無作為な寄せ集めに見える家の裏側　発表された当時、この住宅は、小綺麗で禁欲的な「四角い箱」を目指すモダン住宅の価値観を打ち破る傑作だと高く評価された　奇妙な外観であることは確か

誇示したかっただろうになどと、それぞれの立場で親身になって考えてみましたが、結局ヴェンチューリの最終案がそれなりに正解だったと思えるのです。そう納得した上で、三者の相克によって偶然生じた、中途で壁に正面衝突してしまう階段の形を見ていると、キクラデス諸島の集落にある外階段の自由気ままな造形を想い出さずにいられません。そう、階段といえば二階には「行き先なしの階段」というのもあります。ヴェンチューリは「この階段は遊びにすぎないけれど、そこに登ってペンキを塗ったり高窓を拭くことができるという意味では有用なものである」と説明しています。

　建築家でなくてもちょっと覗いてみたくなるような住宅でしょう？

　そうした建築的な遊びや知的な仕掛けがこの住宅にはふんだんに盛り込まれていますが、決して忍者屋敷や、からくり屋敷のたぐいではありません。全体の印象はあくまで穏やかで普通であって、実験住宅風のヒステリックな様子はうかがえませんし、学識をひけらかすようなそぶりも見えません。住み手になったつもりで見回してもずいぶん住み心地良さそうで、なにより住宅として品格があって美しいのです。

　ヴェンチューリの母親も、ひとり息子が刻苦勉励し全身全霊を傾けて完成させたこの家を、たいそう気に入っていたそうです。はじめのうちは食堂の大理石の床が「見栄っぱり」だと思っていたらしいのですが、そのうち入れかわり立ちかわり目を輝かせて見学に現れる若いハンサムな建築家との会話を、大いに愉しむようになったと言います。

　ヴェンチューリの母親はイタリアからの移民でした。つまりこの住宅は、息子が「ゴッド・マザー」に感謝と敬愛の気持ちを込めて捧げた家だったわけです。

村の住み心地

河回村

韓国　慶尚北道

安東市は、朝鮮時代には多くの学堂を擁し、高名な儒学者を輩出した「儒教のふるさと」。河回村（ハフェマウル）はこの安東市の郊外、U字型に流れる洛東江に囲まれるあたりに位置し、その地形から村の名がおこった。両班階級の豊山柳氏が集い住んだ同族村で、現在も人口約250人の7割を豊山柳氏が占める。樹齢600年の欅の神木がそびえる村の中央から放射状にのびる道沿いに、瓦葺きの両班住宅から藁葺きの民家まで、約180戸が往時の姿をとどめる。村の全域が重要民俗資料に指定されており、平和と豊作を祈る仮面劇も有名。

村の三方を川に囲まれた河回村は16〜17世紀の
集落の姿がほぼそのままの形で残っている

河回村 ハフェマウル

20 Nov. 2002
Kobun NAKAMURA

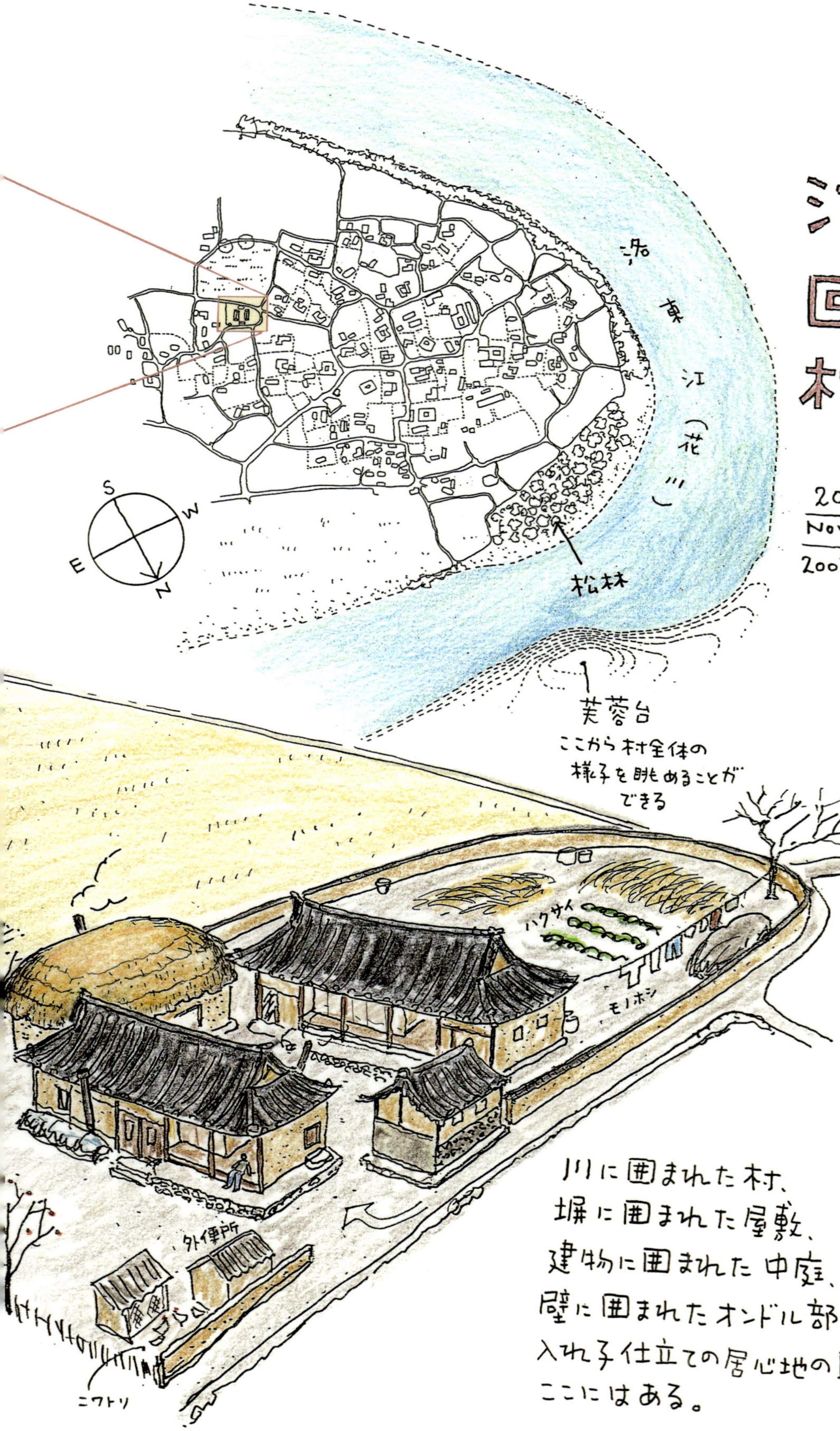

川に囲まれた村、
塀に囲まれた屋敷、
建物に囲まれた中庭、
壁に囲まれたオンドル部屋、
入れ子仕立ての居心地の良さが
ここにはある。

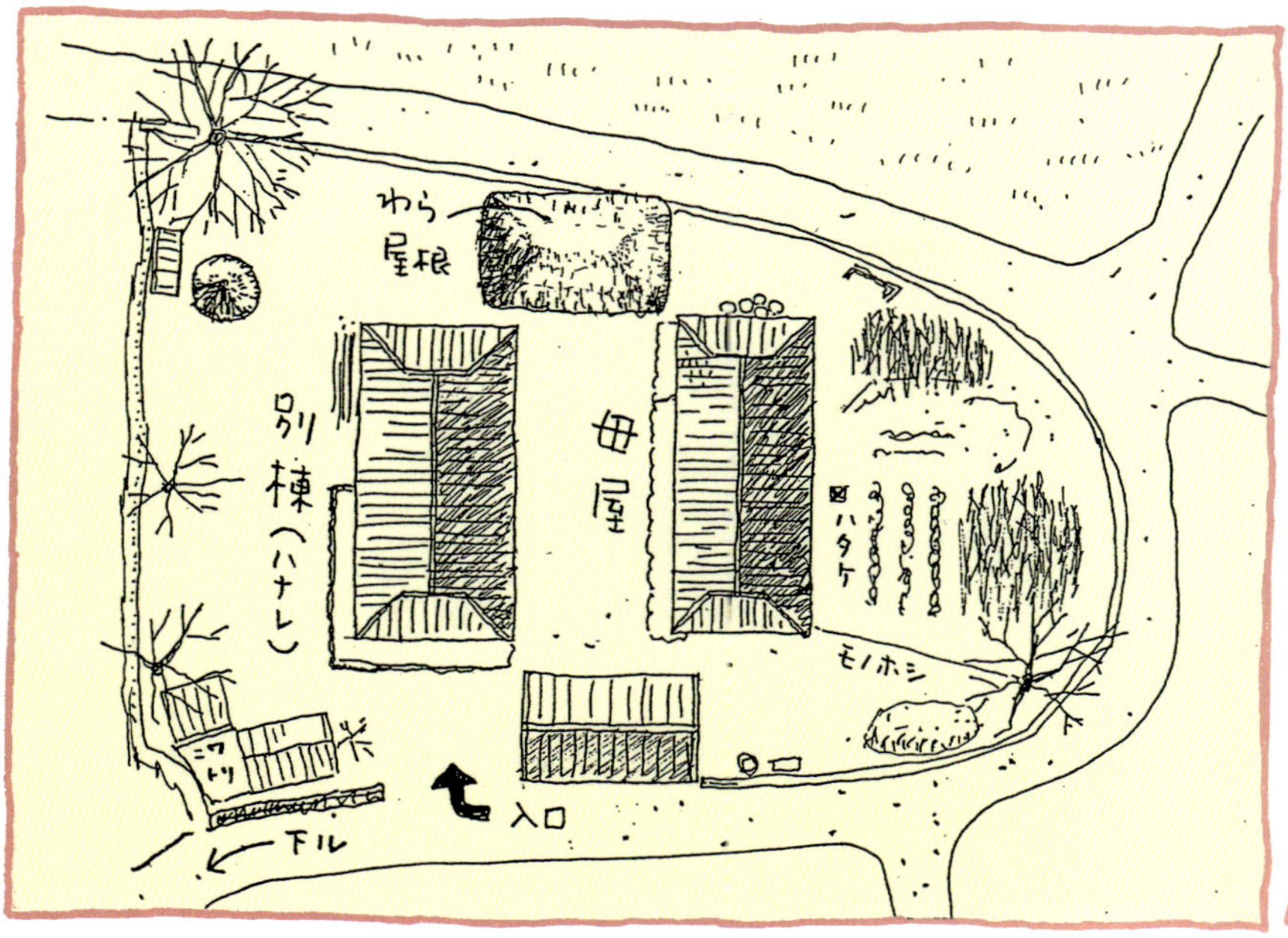

建物配置図
（敷地の使われ方）

村の入口に立つみごとな枝振りの柿の木

韓国、ソウルの南東約百九十キロにある安東《アンドン》市の郊外に、ハフェマウルという村があります。この村は十六世紀（李朝時代）以来の古い村の形態と慣習が残っていることで知られています。つまり、村全体が伝統的民家の宝庫であり、生きた民家園の趣きを持っています。そんな村が今でも慶尚北道の田舎に残っていることを私に教えてくれたのは、一人や二人ではありません。私がなにかの折に韓国の民家に関心があるということを話すと、韓国の歴史や文化に詳しい知り合いや建築家の友人などが口を揃えて「じゃあ、ハフェマウルには行ってみた？」と尋ねたり「それなら、ぜひハフェマウルに行かなくちゃね」と見学に行くことを薦めてくれたりするのでした。

学生の頃、私は李朝の工芸に心惹かれて日本民藝館に足繁く通っていたことがありました。といっても研究とか勉強とかいうのではなく、出掛けて行っては、ただ自分の好きな陶磁器や木工品を眺めたりスケッチしたりして過ごしていたのです。その後、二十代の終わり頃になって初めて韓国を旅した時にソウル近郊の「民俗村」を訪れ、それがきっかけになって、韓国の民家の美しさや、その民家で営まれる庶民のすまい方や暮らしぶりに大きな関心を抱くようになりました。工芸から建築に、ゆるやかに興味が移行（というより「拡大」というべきかもしれません）したのです。

「民俗村」には韓国各地から数多くの伝統的な民家が移築されていて、人のすまいに特別な関心を持つ私には、民家という、とっておきの教材を並べた野外教室のように思えました。そんなわけで、韓国を訪れるたびに「民俗村」に出向いて見学していましたが、良くできているとはいえ、村そのものはやはり「造りもの」ですから、どこかオープンセット的な感じはまぬがれません。私が次第に、人々の着実な日々の暮らしがあり、李朝時代の面影も宿している「本物の村」に憧憬に似た気持ちを抱くようになっていったのもお分かりいただけると思います。そんなとき、ハフェマウルという村の名前が幾度となく私の耳に入ってきたのです。

二〇〇二年十一月、そのハフェマウルに行って来ました。

実は、前年の十二月に初めてこの村を訪れたのですが、その時はわずか半日足らずの短い滞在時間を無駄にしないよう、穏やかな冬の陽射しをいっぱいに浴びた村の道という道を、汗ばむくらいの早足でくまなく歩き回ったのでした。約一年ぶりの再訪では、本物のオンドル部屋に泊まりたいと思っていたので、集落の中にある民宿に二泊することにしました。時間的余裕がたっぷりあったおかげで、じっくり民家や風景を眺め、村の風情を噛みしめ味わいつつ、写真を撮ったり、スケッチしたり、

ゆるやかにカーブする村の道　先が一直線に見通せないため期待感に心誘われて、つい飽かずに歩き回ることになる（右頁も）

時には巻尺を取り出して実測したりすることができました。

　まず村の概略について簡単に説明しておきましょう。地図上の村の位置については最初に書きましたが、車で行くには、ソウルから高速道路をひた走りに走って五時間ほどかかります。村全体は洛東江（花川とも呼びます）という河にU字形に囲まれ、半島のような馬蹄形にすっぽりおさまっています。蛇行する花川のおかげで少なくとも三方から闖入者が入り込む気遣いはなく、ここならコートの内ポケットの中にいるような安穏な気分で暮らせそうです。土地は中央部がわずかに中高になっており（ドラ焼きぐらいのゆるやかな丘だとお考えください）、周囲はほぼ平坦地です。ハフェマウルという地名を漢字では「河回村」と書きますが、「河が周囲を回っている村」というわけで、地名がそのまま村の姿と成り立ちを表しているのです。ゆるやかな丘になったU字形という地形から自然発生的に生まれてきたものだと思いますが、村の道のパターンは地図で見るとちょっと亀甲文様のようになっていて、十字に直交する道がほとんどないことに気づきます。村の中を飽きずにいつまでも歩き回っていられるのは、実はこのように道のパターンに変化があり魅力があるからです。どの道も真っ直ぐに見通せるものはなく、折れ曲がり、ゆるやかにカーブし、思い思いの方角から来た別の道と鈍角や鋭角に交わったりして、広い道も小径も、それぞれに個性豊かな表情を持っています。

　村全体の様子を眺めてみようと、タクシーでいったん村を出てぐるーりと遠回りしたあげくUの字の丸みの対岸にある断崖絶壁（芙蓉台と言います）の上に昇って村全体を俯瞰しますと、瓦屋根や藁屋根を載せた家々が、密集せず、かといって散漫にもならない、ほどよい密度で肩寄せ合うように集まっていました。ベージュグレーのふっくらと柔らかそうな藁屋根は山羊や

［上］門戸にお札を張った家／［左頁・右上から時計まわりに］上流階級の家の軒下には食卓用の膳がズラリ／軒下に味噌玉を下げ白菜を干す家／玉のれんのように干柿を吊し、庭先には切り干し大根がならぶ／木綿の薬袋をびっしり下げたこの家は、漢方薬を扱う薬屋らしい

病後是爲健康可貴

敬天愛人

羊などの草食動物の背中を連想させ、その群れが川に水を飲みに来ているようにも見えます。高みから見おろすと「河に優しく抱かれて守られている美しい村」という言葉がそのまま目の前にあるので、ただただ呆然と眺め渡すばかりです。ところどころにオンドルの煙突から煙が立ち昇っているのが見えたりして、それこそ「民の竈はにぎわいにけり」そのもの。私は「ちょっと出来過ぎだな」と、思わず小声で呟かずにはいられませんでした。

現在の村は約百八十戸だそうですが、最盛期には三百戸ほどあったと言いますから、かつてはもう少し密集していて賑やかな印象だったに違いありません。

観光ガイド的に言えば村の見どころも色々あるらしいのですが、私にとっては「道」と「民家」のふたつがその主眼でした。村の道を歩き回りながら土塀や庭先を含めた民家のひとつひとつを見ていくと様々な発見があり興味は尽きないのです。また、そこここに窺われる人々の暮らしぶりを見学するうちに、人とすまいの関係やそこで営まれる日々の生活に思いを巡らし、自分の設計している住宅やそこでの暮らしとつい比較してしまったりもします。つまり、建築家としての職業意識が働いてしまうというわけです。とりわけこの村の民家は、群としても、ま

村を代表する名家・柳氏の居宅「養眞堂」は17世紀初期の建物
反り上がった瓦屋根は韓国の民家の特徴をよく表している

た単体としても見応えがあり、建築家としては大いに胸が騒ぎます。村には韓国でよく見かけるような現代風のブロック造りの無骨な住宅はなく、瓦を載せた民家と藁葺きの民家が半々ぐらいです。そして中心部ほど瓦屋根が多く、周辺部には藁屋根の家が多くなっています。壁はほとんどが塗り壁で、漆喰で仕上げられた家もありますし、粗い土壁のままの家もあります。どの家も前庭や裏庭が農作業や様々な干し物などのために実に有効に活用されていて、人だけではなく庭にも「働きもの」がいることにあらためて気づかされました。また、この地方の伝統的な家には必ずあるトウェンマル（縁側）や大庁マル（屋根に覆われた開放的な広縁）は、使い勝手も居心地もずいぶん良さそうに思え、そういう気持ちの良い場所をいつか自分の住宅設計にも取り入れてみたいものだと思いました。

私の泊まった民宿は、村の南東のはずれに近いところにありました。左右に二棟並んだ瓦屋根の母屋と離れがあり、ほかに藁屋根の建物と小さな瓦屋根の建物で中庭をロの字型に囲んでいます。私はその建物の配置と庭の利用を簡単にスケッチしておこうとして、ふと、面白いことに気づきました。

この家は土塀で囲まれた敷地の形が村全体と相似形のU字形をしており、そのU字の方向もほぼ同じなのです。変形のオーヴァルボックスが入れ子状になっている、と言ったらよいでし

夕日に染まる民家　ふうわりと柔らかく家を覆う藁屋根や、角を丸めた土塗りの外壁がなんとも言えない懐かしい風情を醸し出している　枯れ枝の中に見えるかたまりは鵲(かささぎ)の巣

ょうか。旅先でこうした小さな発見をすると私の心は浮き立ちます。「よーし、簡単なスケッチなんてケチなこと言わないで、敷地ごとちゃんと実測してみようじゃないか」という気持ちが湧き上がってきて、さっそくいそいそと作業に取りかかりました。

ここでもう一度、村の道に戻りましょう。世界各地にある魅力的な街や村を思い浮かべると、そのほとんどの道が碁盤の目状ではなく一見勝手気儘で自由な形をしていることに思い当たります。ときにはニューヨークのグリニッジヴィレッジのように完全にグリッドで計画された街路のなかの一角が、歪んだ網目状の道路におおわれているという特殊な例もあります。迷路ほどではないにしてもこのように複雑に入り組んだ道は、よそ者を意地悪く翻弄すると同時に、眼をつぶっていても歩けるぐらいその道を身体で知り尽くしている人々に堅固な共同体意識をもたらすようです。机上で計画されたのではなく、自然発生的に生まれた集落は多かれ少なかれそうした魅力的な道のパターンを持っていますが、その道が住人どうしの気持ちを暗黙のうちにひとつに結ぶ働きをするのだと思います。ですからこうした特徴的な道を持っている村や街ほど、そこで生まれ育った人々の自分の住んでいる場所への愛着は深いものになるに違いありません。たぶんこの村の人なら「どの通りのどの辻にたたずめば芙蓉台と花川が眺められるか」「どの道のどの木にはいつ花が咲き、実がなるか」など、村の道の特徴についてはすべて知り尽くしているはずなのです。

実のなる木の話で大切なことを思い出しました。この村に入るにはメインの道のほかに、ちょっと寂しげな裏道があります。その道が村に入っていく手前の路傍に、素晴らしい枝振りの柿の木が一本、すっくと立っています。前回訪れた時、私はたわわに実を付けたこの柿の木を見つけ、しばらくその場にたたずんで見惚れてしまったのです。たぶんこの木は自生したものではなく、村の人によって植えられたものだと思いますが、私の心を深くとらえたのは、その枝振りの見事さだけではありません。この木が村の入口を示す見事なサインの役割をしていると同時に、村の人が田畑に出掛けるときをはじめ、ここを通る村の老若男女の行き来を無言で見守る役割も果たしているように見受けられたからです。この一本の柿の木は、きっと深いところで村人の心の拠り所になっているはずですし、村の景観にとって欠くことの出来ない大切な道具立てにもなっています。集落の居心地の良さというのは、実はこうした些細ながら人の気持ちを立ち止まらせずにはおかない味わい深い場所が積み重なることによって醸し出されてくるものかもしれません。

［左頁］早朝、朝霧の中で村人の農作業が始まっていた　村の柿の木はその作業を静かに見守っているようでした

「座右の銘」というほどのものではありませんが、私には建築を学ぶ上でヒントにしてきたお気に入りの言葉がいくつかあります。

そのひとつは、「偉大な建築物の実感を得るために最上の方法はその建物の中で目を醒ますこと」というチャールズ・ムーアの言葉です。旅好きの私は世界各地を旅して、あちらこちらで泊まったり昼寝したりしてきましたが、そのたびに、この含蓄深い言葉をしみじみ噛みしめたのでした。時には、ただその建築に泊まることだけが目的という旅もありました。と言っても、ま、泊まるということになれば、職業柄、あれこれ観察したり、間取りや家具をスケッチしたり実測したりしますけれど。

というわけで、ハフェマウル再訪は、民家のオンドル部屋に泊まる……というより、オンドル部屋で目醒めるのが旅の目的でした。檀一雄のエッセイに「オンドル部屋一間だけの生活に、永年に亘る妄執を持って」いて、「まぎらわしい何物もないそのオンドル部屋の中で、悠々と老いさらばえてみたい願望を持っている」という一節がありますが、オンドル部屋で目醒めてみたい、というのが私の願望だったのです。

私が初めて韓国を訪れたのは一九七七年の九月から十月にかけてです。そしてその旅では、韓国建築界のスーパースター的存在だった建築家の金寿根さん（一九三一～八六）が紹介してくれた雲堂旅館《ウンダンヨーガン》という伝統的な韓式旅館に泊まりました。

韓式旅館に滞在する愉しみといえば、なんといってもオンドル部屋です。白い韓紙貼りの壁と天井、オンドルの敷設された、飴色の油紙貼りの床、小ぶりの家具がひとつかふたつ。その簡素そのものの小さな部屋に、薄い敷布団をぺらりと広げて寝る気軽さとぬくぬくとした独特の暖かさは、ムーアの言葉通り、そこに泊まり、そこで目醒めてみて初めて賞味できる建築的魅力です。

そのころソウルを訪れると、民家を見学するために必ず民俗村に出掛けていた話は前に書きましたが、韓式旅館に泊まるのは、民家を見学しながら想像したオンドル部屋の居心地や寝心地を、旅館の部屋で擬似的に体験しているような按配でした。当時のスケッチブックによれば、雲堂旅館で私が最初に泊まった部屋は、畳の部屋にすると約四畳ほどで、幅の狭い濡れ縁式の廊下に接していました。そして、その廊下の一部が正方形の上げ蓋になっていて、夕方、黄昏の空が群青色に変わるころ、練炭の粉で服といわず顔といわず炭団《たどん》のように黒光りしているので私がひそかに「練炭小僧」とあだ名をつけた少年がやって来て、その蓋を上げ、一昼夜分のオンドルの熱源である練炭をひとつ、床下に慎重に据え付けていってくれるのでした。

オンドル部屋の居心地の良さを語るために、忘れずに書いておかなければならないのは、その旅館が周囲に塀をぐるりと巡らし、内部にいくつもの中庭を持っている大型の中庭住宅《コートハウス》であ

河回村で泊まった民宿の舎廊棟　右端が私が泊まった部屋　11月下旬の窓外の冷気を遮るのは紙貼りの障子1枚だが，オンドルのおかげで室内は汗ばむくらいだった

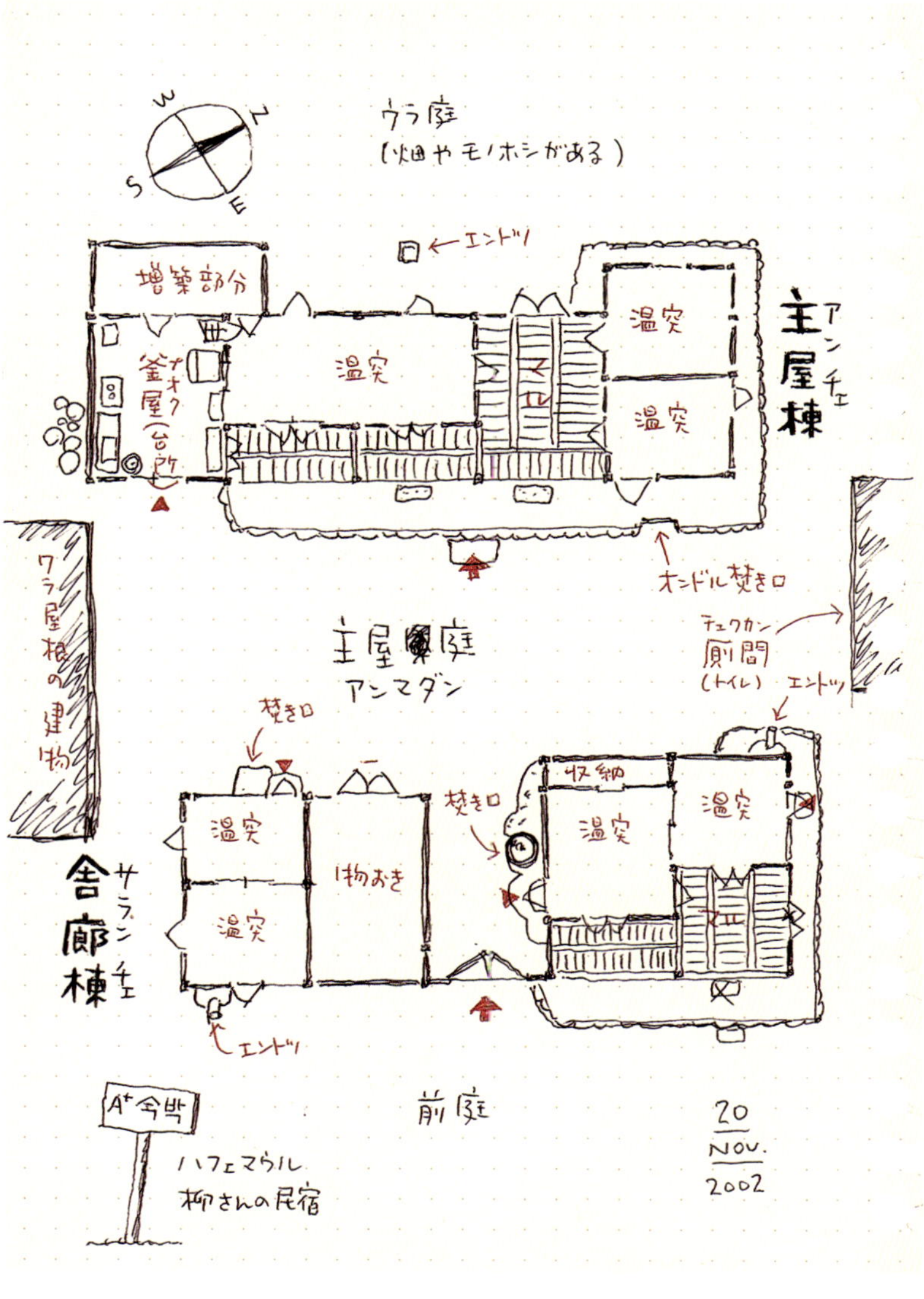

ったことです。車がけたたましく警笛を鳴らして縦横無尽に走り、自転車、リヤカーがその合間を右往左往し、荷物を背負った老若男女に混じって青洟を垂らした子供たちや、ニワトリや、犬が賑やかに行き交う活気あふれる喧噪の道路からひとたび大門をくぐり抜けると、塀の内部はのどかな日だまりで、そこだけが忘れ去られたようにひっそりとした静寂に包まれていました。私が泊まった小さなオンドル部屋は、大門を入ったところにある中庭を通り抜け、もうひとつ奥の庭の入り隅にありました。部屋の前を通り過ぎ、建物と建物の間のサービス通路をすり抜けると、そこにもうひとつ厨房に面した中庭があり、いつ見学に行っても、おばさん《アジュマ》たちが愉しそうにお喋りしながら、せっせと炊事仕事に精を出していたものです。

　旅館は今書いたようなつくりですから、部屋にたどり着くまでに内部へ内部へと何段階かの過程を経ることになります。つまり「入れ子構造の空間」になっているのです。ロシアに、こけしの中にこけしが入り、そのこけしの中にまたこけしが入っている「マトリョーシカ」という民芸品がありますが、オンドル部屋で薄いせんべい布団にくるまって寝ていると、自分がおくるみに包まれた小さなこけしになったような、安堵感に満ちた錯覚さえ覚えるのでした。

　そんなわけで、オンドル部屋での「目醒め」は四半世紀前に何回となく体験しましたが、伝統的な民家での「目醒め」の経験は残念ながらまだありませんでした。先ほどちょっとふれましたが、今回は「建築的目醒め」が目的の旅です。この旅ではソウル在住のH先生という漆芸家が通訳とガイドを務めてくれることになっており、この先生がなかなかの食通らしいと聞いていましたので、食事の方も大いに期待できそうでした。ちょっと脇道にそれますが、この先生は、風景でも、建築でも、彼ならではの味わい方をごくごく具体的に披露してくれる人でした。しかも、その味わい方というのが愉快で、必ず、お酒と食べ物、つまり飲食の情景がついてまわるのです。

民宿のオンドルを焚くH先生　焚き口は竈を兼ねている　大きな鉄鍋のふっくらとした形はいかにも韓国らしい造型

オンドル部屋とともに韓国の民家で特徴的なのが広い
縁側のような板の間(マル)で、夏はここが居室となる
上の写真は河回村で滞在した民宿で、右が「無憂安息」、
左が「高客満堂」と名付けられた部屋　下はそのプラン

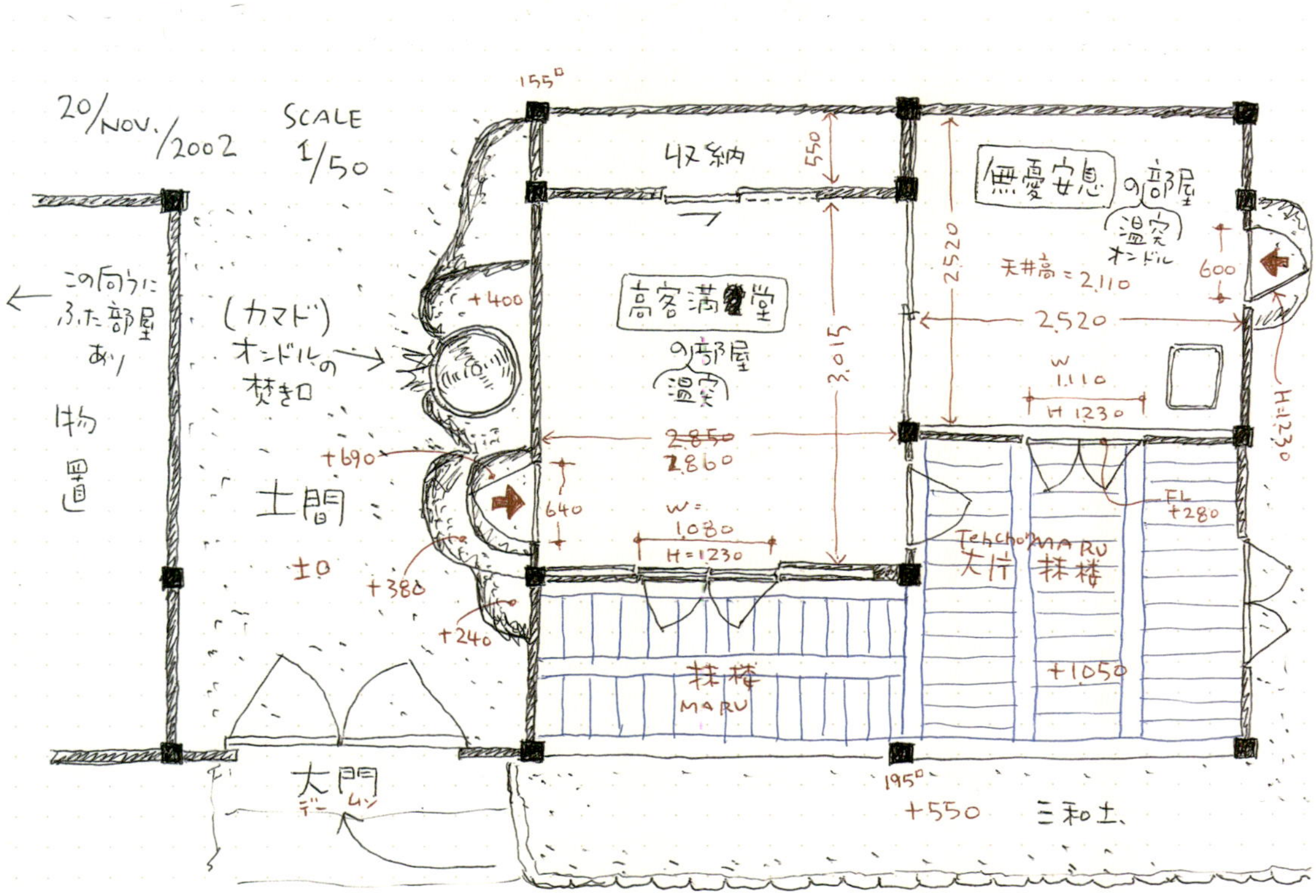

私の泊まった「無憂安息」の内部　床に貼った油紙はオンドルの熱で焼けて飴色になっている　テラテラと底光りする固い床にせんべい布団（アンペラ）を敷いて寝る

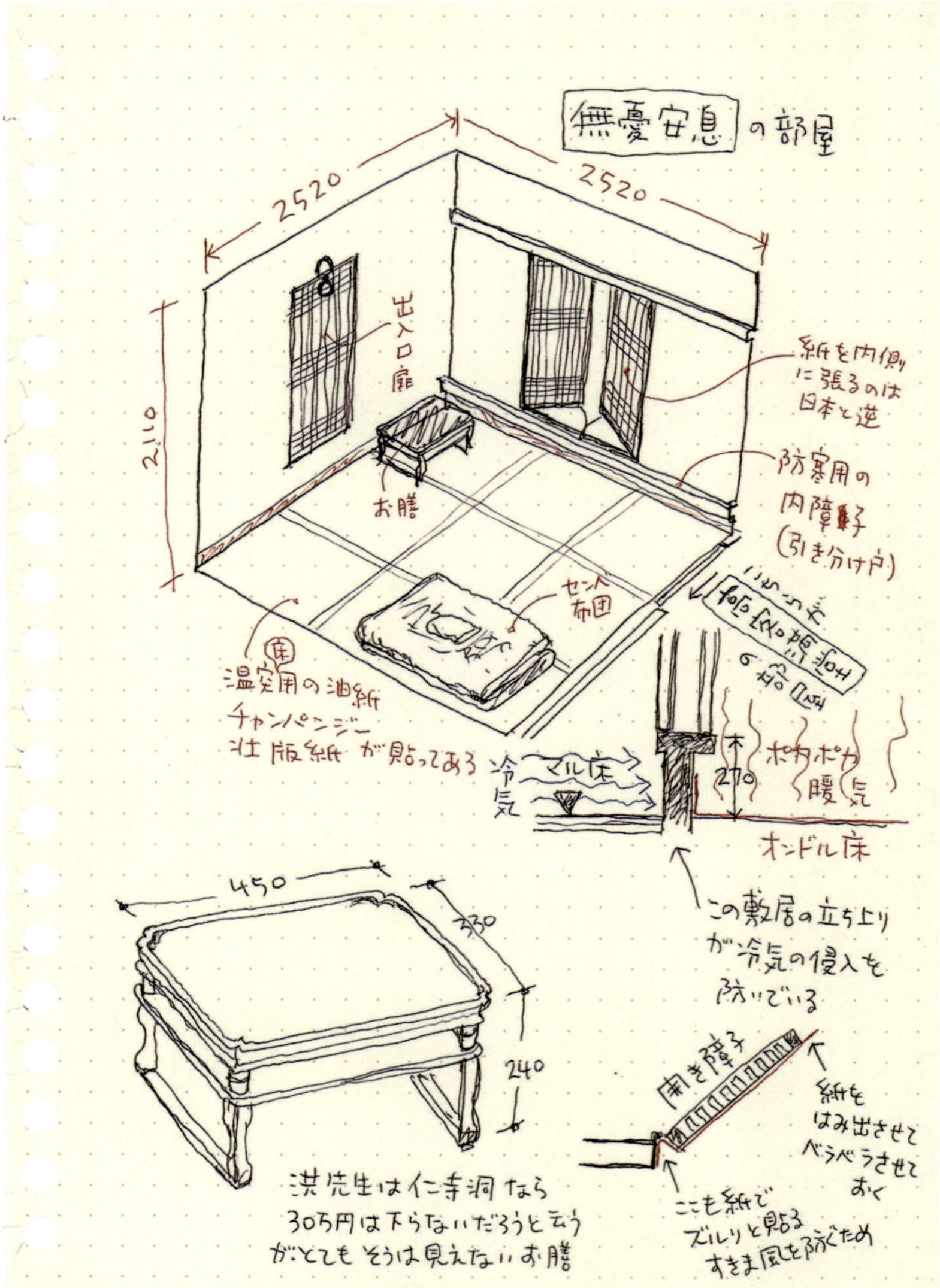

たとえば、韓国の民家にあるトウェンマルや大庁マルの話になると、「夏の午後、風通しのいい大庁マルで、冷やしたマクワウリ食べたり、ビール呑んだりしたあと、コロッと昼寝したら、もう、最高の気分ですネ」となりますし、オンドル部屋の話題になれば、「オンドル部屋は、冬が一番。外、雪降る寒い日、若い娘にマッカリお酌してもらって、キムチ鍋食べたら、私、もうほかなーんにもいらないヨ」と言ってうっとり目を細めて見せるという具合です。建築的な言葉で言えば、場所や建築空間の良し悪しが、常にそこで行われる飲食行為の快適度、愉快度という視点から判断されるのです……と、書きながら、ふと気づいたのですが、「建築の実感を得るために、建物の中で目を醒ましたい」という私の気持ちも、よく考えればH先生の飲食と同じことですよね。どうやら二人とも、建築を「寝食」という行為で賞味したり評価したりする同じ穴のむじなだったようです。

部屋の入口は躙り口のように小さい　こんなところから茶室のルーツは韓国の民家だったという説が信憑性をもって迫ってくる

さて、民家の目醒めの話です。

私の泊まったハフェマウルの建物は、民宿を経営するご主人の柳さんによれば、たぶん建てられてから八十～九十年ぐらいではないかとのことでした。

母屋と平行に建てられた棟には全部で四つのオンドル部屋があり、そこが民宿の客室にあてられています［69頁］。大門を入ったところが半戸外的な土間で、ここに竈を兼ねたオンドルの焚き口がありました。

この焚き口で暖房できる部屋はふたつ。そのふたつの部屋がもともと来客用として使われていたらしいことは、表にそれぞれ「無憂安息」と「高客満堂」という紙の札が張ってあるので分かりました。私はそのうちの「無憂安息」の部屋に寝ることにし、H先生は「高客満堂」におさまりました。土間を挟んだ反対側にも居室がふたつありますが、こちらはたぶん家族か使用人用だったと思われます。そのふたつの部屋が、同行したS

さんとカメラマンのTさんの部屋でした。二人には申しわけないのですが、部屋としてはもちろん大庁マルやトウェンマルの付随している私たちの部屋の方が格上です。

よく見ると、マルはただの縁側や広縁ではなく、もっと大切な役割をになった空間らしく、構造的にも造作的にもなかなか凝った仕事がしてありました。日本家屋で床の間まわりの造作に凝ったりするように、このマルが主人の普請のセンスの見せどころであり、思い入れの深い場所であることが、はっきり感じられるのです。こうした仕事ぶりから韓国にも「普請道楽」的な人物が多いに違いないと想像しましたが、その人たちがどう呼ばれているのかは、残念ながら聞きのがしました。伝統的な韓国の住宅はこの夏用のマルと、冬用のオンドル部屋というはっきり性格の違う二種類の居心地を備えているのが最大の特徴であり、見どころでもあるのですから、オンドル部屋にばかりこだわっていないで、いずれは、暑い夏の昼下がりに訪ねてきて、この風通しのいいマルでとろけるような午睡も体験しておかなければなりません。

村で見かけたオンドルの焚き口　背後に見える出入り口の障子紙が、建具から一見だらしなくはみ出しているところに注目　実はこの「はみ出し紙」が隙間風を防いでいる　見栄えなどに頓着しない生活の知恵

オンドル部屋はもともとは竈を焚く時に出る煙を床下に引き込んで床暖房としたものですから、暖房効果の点からも大体がこぢんまりした部屋になります。私の泊まった部屋は、約二メートル五十センチ四方で、畳の部屋なら四畳弱、H先生の部屋はひとまわり広くて約五畳の広さです。つまり、まあ、個室サイズですね。オンドル部屋特有の包み込まれるような落ち着きと、居心地の良さは、まずこの絶妙なサイズによるところが大きいと思います。そして、やはり暖房効果を考えてのことですが、開口部が小さいので、壁で囲まれている印象がいっそう強くなり、密室感や一種の洞窟感が醸し出されるのです。泊まった部屋の壁と天井はビニールクロス貼りでいくぶん興ざめでしたが、本来なら小さな開口部からの自然光は韓紙貼りの白壁と

上は河回村の名家・柳氏の居宅「忠孝堂」のマル　下は同家のオンドル部屋で、壁も天井も収納の戸も戸枠もすべて韓紙で貼り包まれており、密室感のある思索的な小空間

天井で拡散し光の微粒子となってたゆたい、室内は薄明に似た不思議な明るさに包まれます。その様子はまるで「繭玉の中のよう」ですし、その繭玉の中がオンドルでほんわかと優しく暖かいので「母親の胎内のよう」にもなるのです。しかも、壁で囲まれることで、心も外に向くより自然と内に内に向かっていく。言葉を変えれば、内省的になっていく傾向があるような気がします。つまり、ついつい、来し方行く末を思い、生まれるずっと以前の自分のことを思い出したり……なんかしちゃうんですね。

千利休は実は韓《から》くにの人で、茶室のルーツはオンドル部屋だという説を読んだことがありますが、部屋に潜り込み（実際、私の泊まった部屋の出入り口は躙《にじ》り口のようでした）、心静かに端座していると、「そうかもしれない」「そうに違いない」と思えてきます。

読書したり、瞑想したり、思索したりするのにふさわしい個室といえば、私は即座に、フィレンツェにあるサン・マルコ修道院の僧房を思い浮かべてしまうのですが、部屋に漂う静謐な気配やその部屋に宿っている陰影などは、私には、サン・マルコの僧房とふたごの部屋のように思えてなりません。

部屋は細部にも気候風土から生まれた様々な建築的な知恵が窺えて、建築家としては興味が尽きません。たとえば、出入り口は床面からではなく、敷居をわざわざ二十七、八センチ立ち上げてあり、出入りする人はその敷居をまたいで入るようにしてあります。こうしておくと、出入り口の扉を開閉するたびに冷気が床面をなめて侵入するのを防ぐことができるからです。またその出入り口の観音開きの障子は、障子紙をわざわざ一センチほど建具の框《かまち》からはみ出させて張ってあり、閉めたときにできる枠とのわずかな隙間を、そのペラペラした部分で塞ぐ役割をさせてあったりするのでした。

こうして長年の試行錯誤から生まれてきた様々な防寒のディテールを盛り込んだオンドル部屋ですから、十一月の下旬で、外は零下三～四度に冷え込んでいるというのに、薄っぺらな敷布団に毛布一枚で充分暖かく（というより、暑いぐらいでした）ぐっすり熟睡することができました。

「目醒め」ですか？　もちろん爽快そのものでした。

部屋の外にニワトリ小屋があり、四時きっかりに一度、六時に一度、「コッケコッコー」の鳴き声を正確に五回繰り返して啼く律儀なニワトリがいて、否応なしに早起きにされてしまうのです。

マルに面した窓を開け放すと外はヒンヤリとした朝霧に包まれており、窓枠で切り取られた幻想的な眺めは、なんだか白黒映画のスクリーンを見ているようでした。

タルコフスキー好みの廃墟

サン・ガルガーノ聖堂

13世紀　イタリア　サン・ガルガーノ

トスカーナ州の古都シエナの南約35キロのところにある聖堂遺構。12世紀の騎士ガルガーノの隠遁小屋があった地で、近くの小教会には岩を貫いた「ガルガーノの奇跡の剣」も残る。若き日の放蕩を悔い改め、つましい信仰生活を送ったこの騎士が1185年に列聖されると、小屋跡は聖地とみなされるようになり、13世紀にはシトー派の修道院と教会が建設された。ロマネスクの様式とゴシックの構造をあわせもつ聖堂は当時のイタリアでも最大級で、シエナ大聖堂のモデルともなったが、やがてさびれ、15世紀には廃墟と化したという。

NOSTALGHIA
Kobun

どうやら、私にとって二〇〇三年は外国映画のロケ地を訪ね歩くあたり年だったようです。いずれは行ってみたいと思い続けてきた好きな映画の撮影現場を、仕事の合間を縫って立て続けに訪ねることができました。五月に見学した『第三の男』の下水道はそのうちのひとつで（下巻参照）、翌月にはマッシモ・トロイージが純朴な郵便配達夫を演じた『イル・ポスティーノ』の舞台、ナポリ湾に浮かぶプロチダ島を歩き回り、ついでにカプリ島にも足を伸ばし、ゴダールの『軽蔑』のロケに使われた「ヴィラ・マラパルテ」と呼ばれる別荘を間近に眺めてきました。

　アンドレイ・タルコフスキー監督（一九三二〜八六）の晩年の代表作、『ノスタルジア』に出てくるサン・ガルガーノ聖堂の廃墟をトスカーナの外れまで見学に出掛けたのは三月のことでした。春寒とでもいうのでしょうか、陽の光は春めいていましたが、ヒンヤリとした冷気が頬を刺すおそろしく寒い日でした。『ノスタルジア』は、封切られる前から映画好きの、それも、とりわけタルコフスキー監督の作品に惚れ込んでいた画家の友人から、「映画に対する固定観念や価値観をひっくり返されるほどの傑作」だと、試写の感想を聞かされていました。友人の熱心な話を聞くうちに、私の期待感も次第に高まり、封切られるやいなや押っ取り刀で映画館に駆けつけたことを思い出します。ところが、スキップ気分で勇んで映画館に入った私は、沈んだ気分と重い足取りを引きずるようにしてそこから出てきたのでした。そもそもその映画は、スキップ気分や鼻歌気分で観にいくような種類の映画ではなく、なにかとてつもなく暗く重い固まりを抱え込んだ映画という印象でした。タルコフスキーの人生観と哲学に裏付けられた深淵なテーマがあるらしいことは私にも直覚できましたが、その内容を正しく把握し理解できたとは言えません。あっさり言えば、私の映画を観る力では歯の立たない映画だったのです。というわけで、この映画を頭で理解することはできませんでしたが、感覚的に享受することはできたような気がします。難解な映画だと思いつつも、映像の美しさや音響効果の素晴らしさに感じ入り、映画ならではの愉悦を私なりに存分に味わったのです。その後、映画好きで知られる武満徹さんがこの作品について「全体として見ると、理解するというよりも、感じることのできる映画だと思う」と語っているのを読んで、「私の感想もまんざらではなかった」と思ったりしたものです。

　映画の見方は人それぞれです。ストーリーを楽しむ人、俳優を目当てに見に行く人、音楽やファッションに心惹かれる人、また映画手法を学ぶために見る人も多いはずです。私の場合、

［右頁］映画『ノスタルジア』の感動的なラストシーン　サン・ガルガーノ聖堂の廃墟に作り込まれたロシアの村に、音もなく雪が降り込んでくる　映画ならではの美しい嘘

サン・ガルガーノ聖堂はシエナの南35キロ程のところにある　廃墟はなだらかな丘陵地のブドウ畑の中に、ポツンと忘れ去られたように建っている

こうした見方のほかに、物語の舞台となる街や、建物や、室内を舐めまわすように見る愉しみが加わります。そうすることで、あたかも自分がそこにいるような空間感覚に浸れるのです。なんと言っても居ながらにして時空を超える旅ができるのですから、映画好きだけでなく、旅好きの気持ちのほうも大いに満足させられて一石二鳥と言えます。ただし、弊害がないわけではありません。スクリーンに映し出された場所や空間が、瞼にくっきり焼き付いてしまい、結局、実際に訪ねて行かなければ気が済まなくなってしまうという事態を招くからです。

『ノスタルジア』では、サン・ガルガーノ聖堂が観客席まで呑み込むような最後のシーンに全神経を集中してひたり、たちまちそのラストシーンの虜になってしまいました。身震いするような感動がやってきて、次の瞬間には「ああー、ここに行きたい！」と、身体の芯から突き上げるような願望が湧き上がってきました……と書かれても、この映画をご存知ない方には何のことか分からないかもしれませんね。念のため、その印象的なシーンをシナリオ風に紹介しておきましょう。

○主人公（ゴルチャコフ）の故郷であるロシアの風景

霧の立ちこめた林を背景にして主人公の生家らしい粗末な小屋が建っている。ところどころに水溜まりのある湿地に横座りし、じっとこちらを見ている、死に瀕したゴルチャコフ。傍らに大きなシェパード犬がうずくまり、これも同じようにこちらを窺っている。静止していたカメラがゆっくりと動き出し、後ずさりするように引いていくと、その風景全体が、廃墟となったサン・ガルガーノ聖堂の内部に箱庭のように閉じこめられていることが分かる。やがて屋根のない聖堂の中に音もなく雪が降り込んでくる。次第に白いヴェールで覆われていく箱庭の風景。降りしきる雪の背後から滲み出すように哀調を帯びたロシア民謡が流れる。遠くで犬の鳴き声が聞こえる。

○浮かび上がる字幕

母の思い出に捧ぐ　アンドレイ・タルコフスキー

こうして書いているだけでも、なんかこう、背筋がゾクゾクしてきますね。もっとも、このラストシーンに背筋がゾクゾクし、胸がキュンとなるのは私だけではないらしく、数年前にヴェネツィアで知り合った留学生のKさん夫妻も背中ゾクゾクの同志でした。二人はこの映画とこのシーンが大好きで、レンタカーで『ノスタルジア』ロケ地巡りの小旅行をしたことがあるそうです（まぁこうなると、一種のビョーキですね）。最初に映画を観たときから、私は「一体あの廃墟はトスカーナのどのあたりにあるんだろう?」と気になっていましたから、さっそく彼らから詳しい場所を聞き出しました。

サン・ガルガーノ聖堂は、シエナの南三十五キロ程の位置にあり、以前はシトー派の修道院の一部でした。建物の歴史については、レンタカーで現地まで連れていってくれたフィレンツェ在住の石田雅芳さんが、次のように簡潔にまとめて送ってくれました。

「一一八〇年、騎士ガルガーノ・グイドッティ（一一四八〜八一）が建てた礼拝堂が起源。彼はここで隠遁生活を送った。一一八五年列聖され、シトー会士たちがこの場所に修道院を建設。聖堂は一二二四〜八八年にかけて、フランスの教会建築にインスピレーションを得て作られる。修道院はシエナ周辺の宗教的・政治的覇権を握っていたが、十四世紀末にジョン・ホークウッドによって二度の攻撃を受け急速に凋落、十五世紀には廃墟となる。一七八六年、屋根が崩落し、鐘楼も倒壊」

これによるとサン・ガルガーノ聖堂が廃墟になってから、もう五百年以上も経っていることになります。さすがに石造建築は「保ち」が違います。窓ガラスが割れてただの壁の穴となり、屋根が抜け落ちても、壁だけで悠然と建ち続けているのです。これが木造建築だったら、建物はとっくに朽ち果てて、わずかに礎石ぐらいしか残っていなかったはずです。もちろんサン・ガルガーノにも、無常感が感じられないことはありません。聖堂の廃墟はなだらかな丘に囲まれた平野に、置き忘れられたようにポツンと建っており、のどかなブドウ畑の風景があたりを

［左頁］屋根を支えなくてはならない大役から解放されて「微笑む壁」 流れる雲の覗く窓や、「青空屋根」には朗らかな印象と無常感が同居している

取り巻いていました。しかし、近寄ってみると、屋根がなくなっているとはいえ四方の壁はほぼ完全に残っており、場所によっては窓に嵌め込まれた繊細な石の透かし模様もそのままの状態なので、建物が使われていた時の様子を容易に想い描くことができます。修道士達の典礼の行列が聖堂の中に歩み入り、呟くような祈りの言葉を残して静かに去っていくさまさえ、ここではごく自然に想像できるのです。

そんなことを考えながらひっそりとした内部を歩き回ったり、立ち止まったりしているうちに、私は、この廃墟全体が不思議な穏やかさに包まれていることに気づきました。その感じを「平安」と言いかえてもいいかもしれません。崩れ落ちた廃墟には違いありませんが、たとえば大砲やミサイルで破壊された建物のような「見るも無残」という感じがまるでないのです。かわりに、この聖堂の廃墟には古道具の世界で言う「残欠」の魅力、トルソーの美しさが宿っているように感じられました。とくに私が心惹かれたのは、屋根のない、壁だけになった建物の姿でした。と言っても、何が私の心をそれほど強くとらえるのか、残念ながらうまく説明できません。ただ感じたままを書けば、内部を囲い込むことと同様に壁の主要な役割である、屋根を支える重職から図らずも解放された壁は、気分的に清々しているように見受けられました。「やれやれ、楽になった」というわけですね。見学者としては、幾重にも重なって見える衝立状の壁を次々に潜り抜けていく空間体験は思わずワクワクさせられましたし、窓から青空をのぞかせた壁を見上げた時など、思わず「微笑む壁」と名付けたくなるほど明るく朗らかな印象を受けたのでした。

最後にもう一度、映画に話を戻しましょう。

聖堂の内部を歩き回りながら、私はなぜタルコフスキー監督が『ノスタルジア』のラストシーンを、この廃墟で撮影したのかずっと考えていました。どことなく大道具の書き割りのようでもある壁の中に、ロシアの風景を箱庭的に作り込む。そしてそこに、いかにも作りものめいた雪を降らせることで、虚構の中の虚構、夢の中の夢こそ映画なのだということを表現したかったのでしょうか？　ロシアの民芸品マトリョーシカのように、イメージが入れ子状になっているのがタルコフスキーの映画術なのだと……。もしかしたら、タルコフスキーには、現実さえもさらに大きな虚構、つまり夢まぼろしに過ぎないという気持ちがあったのではないか、という素朴な疑問が、突然、私の中に湧き上がってきました。しかしもちろん、その場にそんな疑問に答えてくれる人はいません。あたりは相変わらずヒンヤリ冷え切った空気と、梢を揺らす風の音ばかり。

名旅館名室の条件

俵屋旅館

京都府京都市

宝永年間（1704〜11）創業の老舗旅館。もとは、石州浜田（島根県浜田市）の呉服問屋「俵屋」の京店だったが、岡崎和助という支配人がもてなし上手だったことから、上洛する浜田藩士を泊めるのが本業となったという。幕末の禁門の変（1864）で焼失後に再建された木造二階建の本館と、吉村順三（1908〜97）設計の鉄筋コンクリート造の新館（1965年竣工）からなり、部屋数は全18室。敷地内には複数の中庭・坪庭があり、どの部屋からも四季の風情が楽しめる。建具はもちろん、部屋のメモ帳にいたるまで、京職人の手わざが光る。

「竹泉の間」　座敷から掘炬燵のある次の間を見る　坪庭はこの部屋のためにしつらえられたもの　こうした専用庭があるのは俵屋18室の中でもここだけ　この部屋がコンクリートの建物の中にあると聞かされてもにわかに信じられないほど木造和風建築のしっとりした気配が漂っている

日本旅館に泊まることになると、私はなぜか構えてしまいます……というより、ちょっと気おくれしてしまうところがあります。

宿に到着するやいなや、着物姿の女性が満面にこぼれんばかりの笑みをたたえ、玄関先に小走りで迎えに出てくれたりすると、もうそれだけで私はひたすら恐れ入ってしまうのです。そして、さっそく部屋に通されることになるわけですが、通された部屋が格式高く、贅を尽くした造りであればあるほど、今度は身の置きどころに困ってしまいます。

こういう場合は、床の間を背に端然と正座するとか、浴衣に着替え、丹前を羽織り、あぐらでもかいて悠然と庭でも眺めやれば、それなりにサマになるのでしょうが、あいにく私は、椅子生活がすっかり身体に染みついてしまっていて、正座もあぐらも大の苦手ときています。正座は三分で足が痺れ、あぐらは上体がだんだん後ろにふんぞり返っていって身体がだらしなくほどけてしまう体癖です。あっさり言えば、私は日本間の似合わないタイプということになるのでしょう。

そう言いながら、和風建築の粋を体験的に味わえる愉しみや、繭玉の中のようなぬくぬくとした居心地の良さに魅せられて、京都の俵屋旅館にはこれまで何度か泊まってきました。しかしそうした機会にも、有名旅館に泊まれるミーハー気分が先に立ち、俵屋が凡百の旅館と一線を画す独自性について考えたり、その独特の居心地の良さがいかなる建築的工夫によってもたらされるかについて考察してみたことはありませんでした。ここでは、宿泊客の目と建築家の目というふたつの視点からあらためて俵屋という旅館を観察し、あわせて「これぞ!」と思う一室を選び出してみようと思います。

俵屋には客室が十八室あります。

先日、女主人の佐藤年さんに案内してもらって、全部の客室をひとつひとつ見学する機会がありましたが、ざっと見学するだけで十八室の中からたった一部屋を選び出すのはやはり簡単なことではありませんでした。陰影ある日本建築の美しさとその独特の雰囲気を醸し出すために欠かすことのできない日々の手入れのことや、絶えまない補修工事や改修工事の苦労話などを聞きながら部屋部屋を渡り歩いていると、年さんがこの旅館に注いできた並々ならぬ労力と愛情を思わないわけにはいきません。

庭に面した掘炬燵式の書斎机　木漏れ日が障子に映る晴れの日も良し、しとしと降る雨が苔に染み入る雨の日もまた良しで、四季折々が愉しめること請け合い　この次は、降りしきる雪が庭の景色を別世界に変えていく冬の日、雪見酒の静かな午後を過ごしてみたい

京都
俵屋
旅館

竹泉の間

Kobun
NAKAMURA
07/Dec/2004

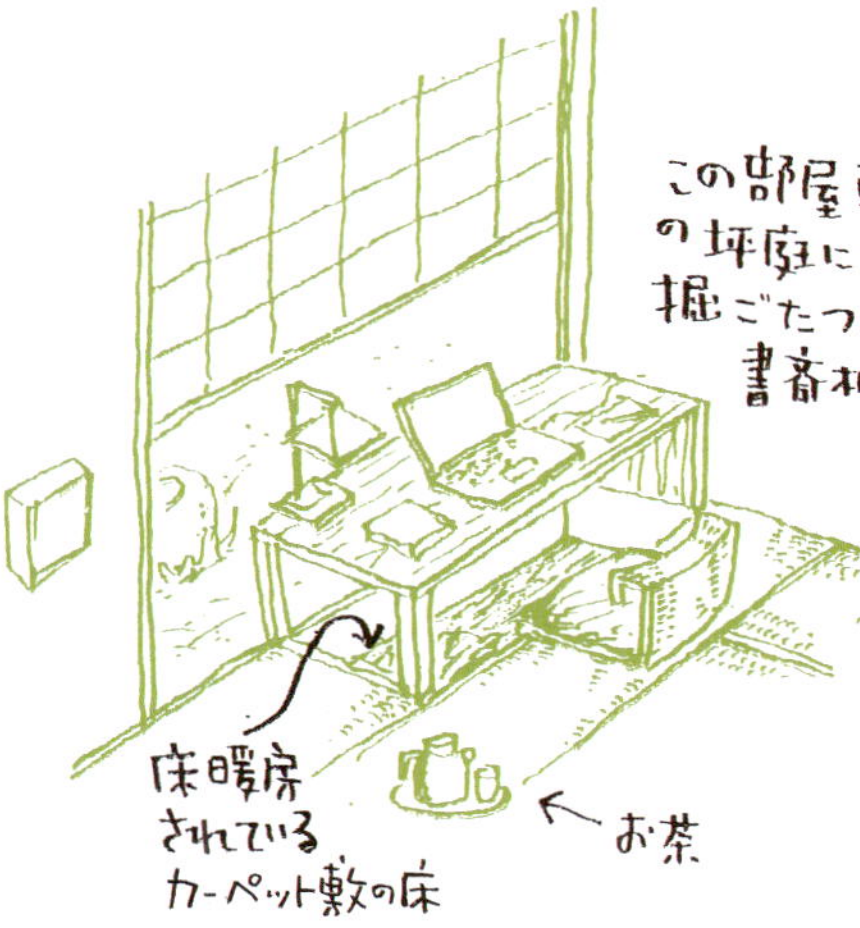
この部屋専用の坪庭に面した掘ごたつ式の書斎机

俵屋の18室の中から以下の条件で1室を選び出してみました。

- 廊下の行き止まり、あるいは入り隅に位置すること。
- 掘ごたつ式の書斎机があること。
- 和風庭園（坪庭）の眺めが愉しめること。
- 清潔、快適な水まわりに心安らぐこと。

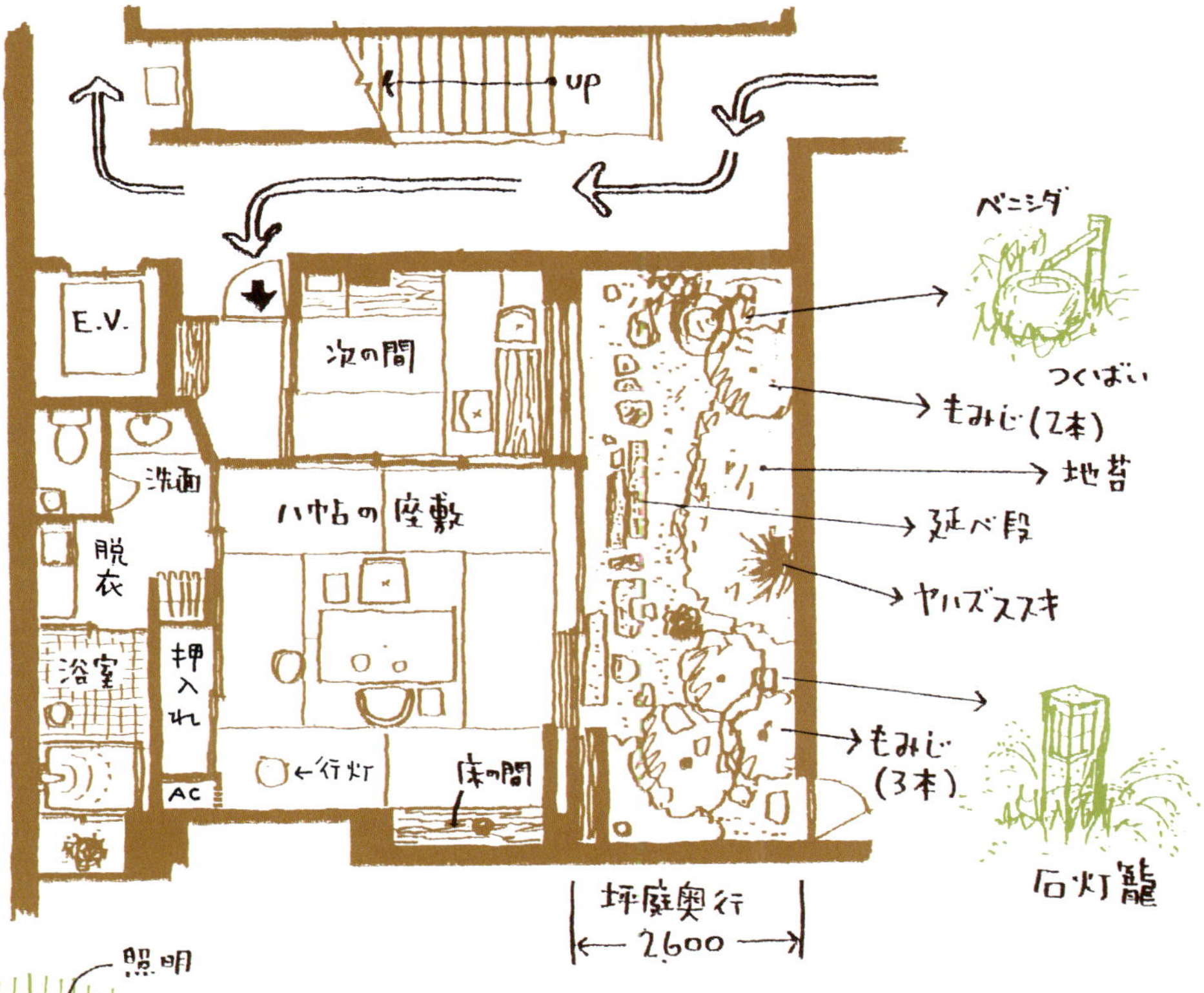

（新品！です）

正座もあぐらも苦手な私のために男衆が持って来てくれた座高15cmの籐製座椅子

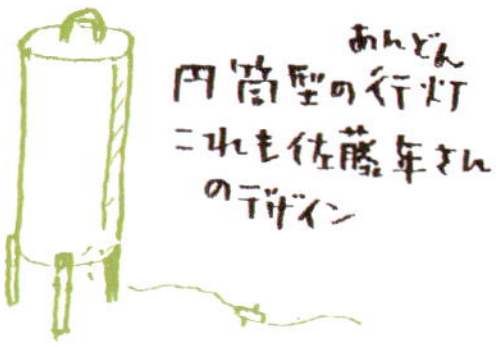

記号凡例

A. ラウンジ LOUNGE
B. 図書室 LIBRARY
C. 庭座 BOWER
D. ギャラリー GALLERY
E. 茶室 TEA ROOM
F. アーネスト・スタディ・ERNEST STUDY

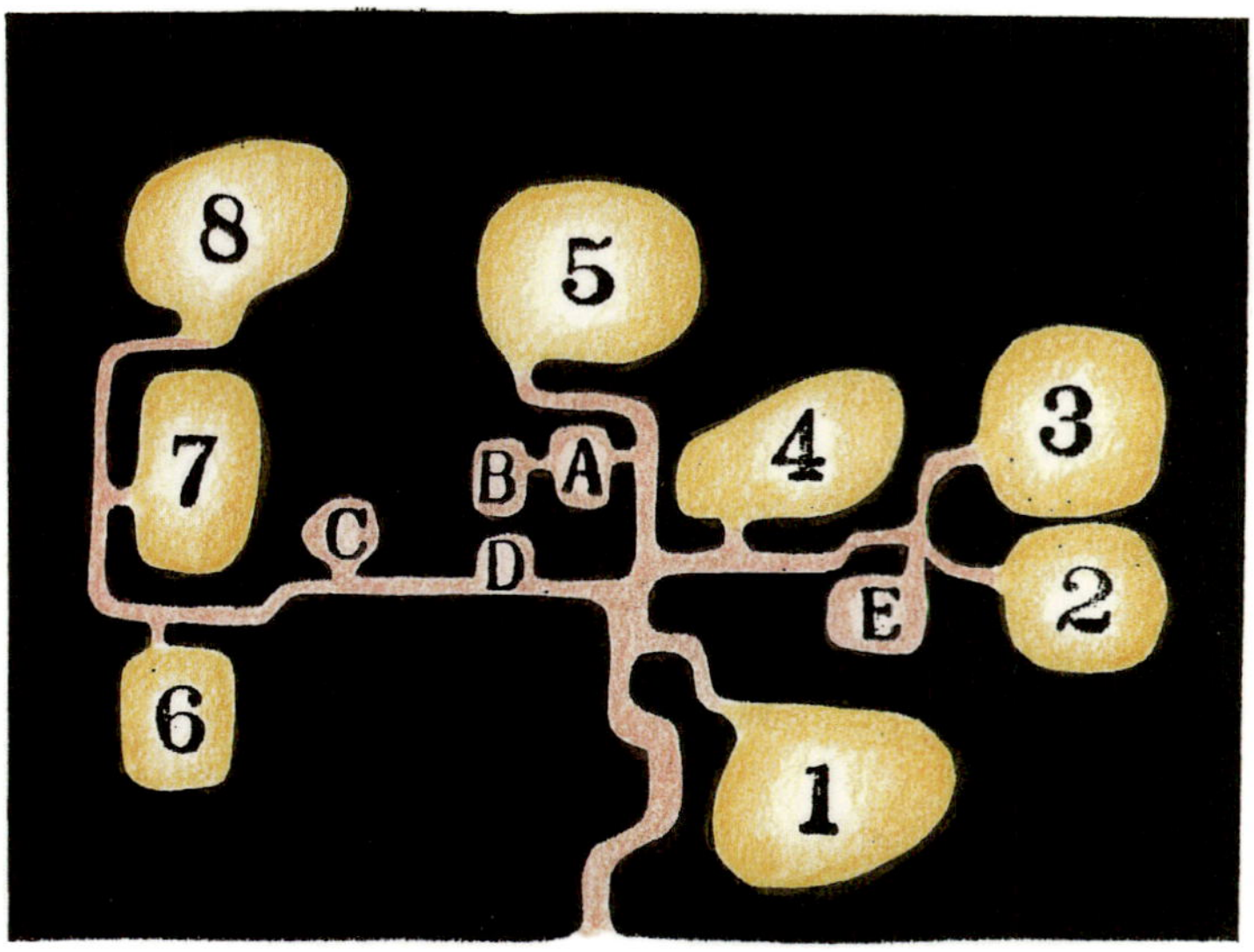

部屋以外にも宿泊客が利用できる場所が点在している　このスポットを探索するのがまた愉しい

俵屋の内部を歩き回った印象を絵にすると、上図のようになる 「アナグマの巣」という表現に首をかしげる方は、ぜひとも泊まってみてこの表現を体感していただきたい

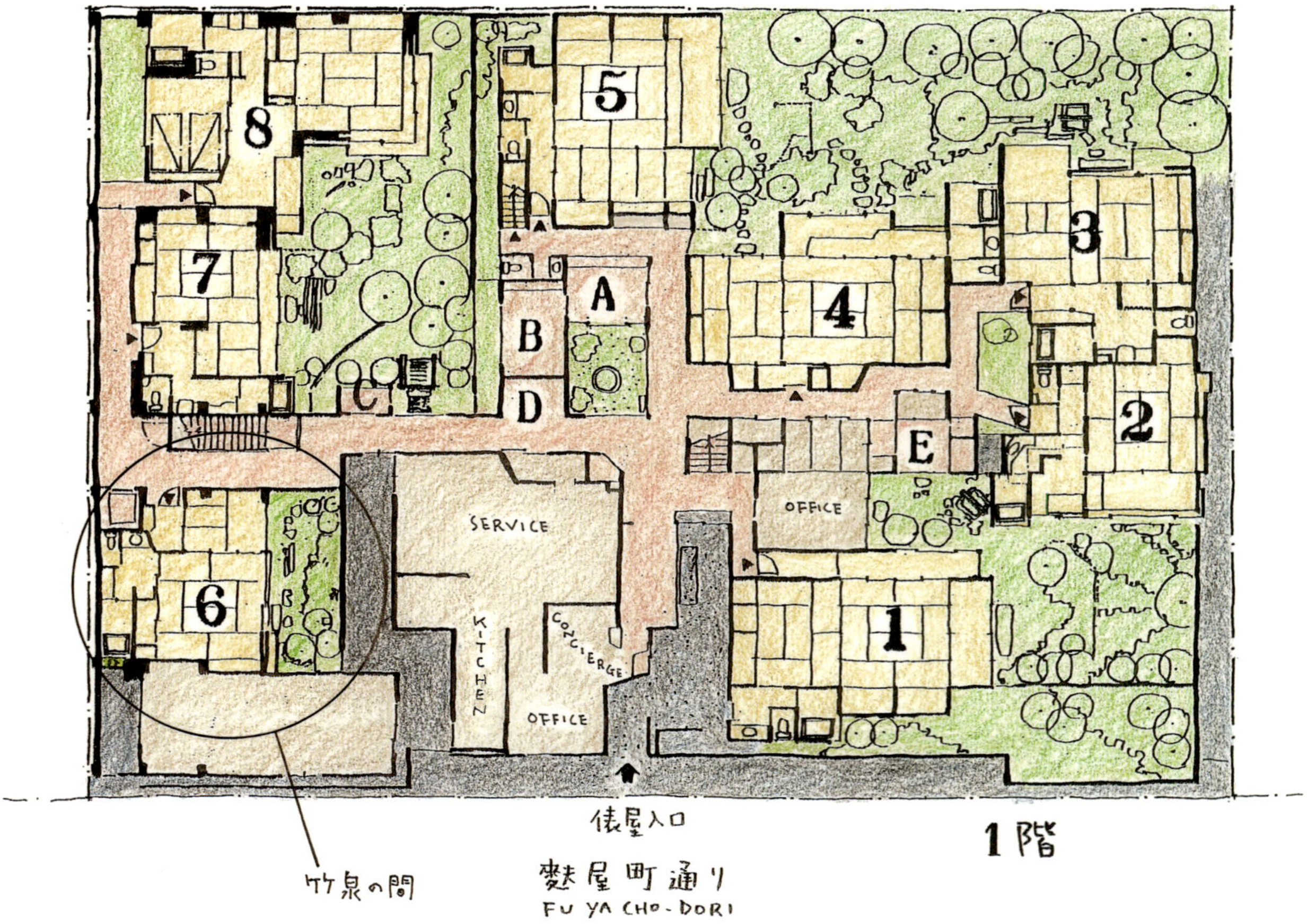

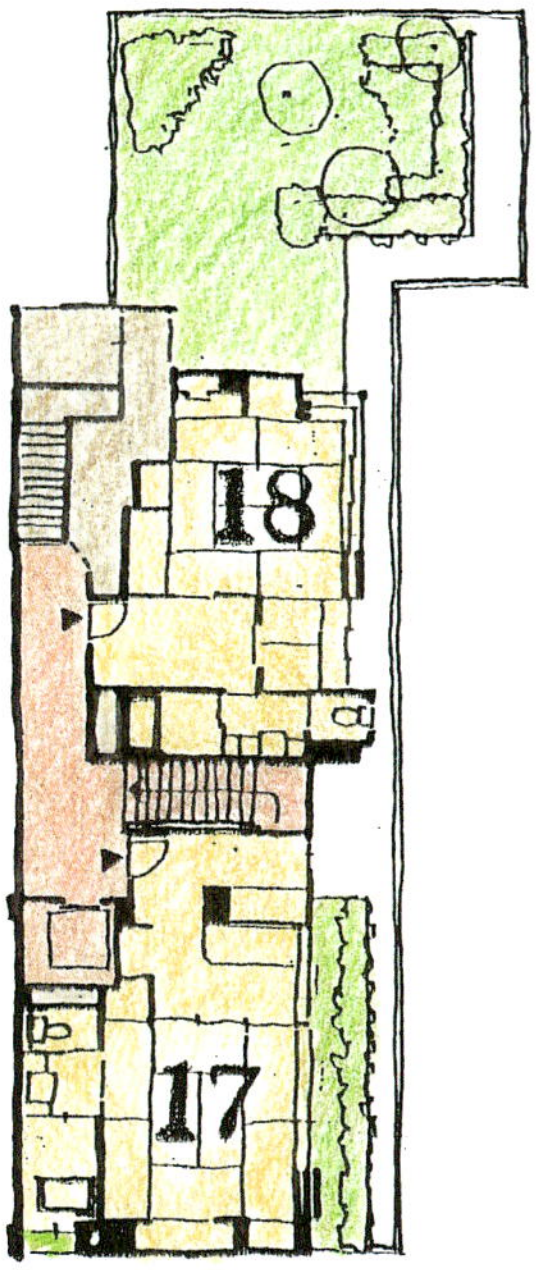

3階

1. 泉 IZUMI
2. 寿 KOTOBUKI
3. 栄 SAKAE
4. 富士 FUJI
5. 翠 MIDORI
6. 竹泉 CHIKUSEN
7. 松籟 SHORAI
8. 暁翠 GYOSUI
9. 東雲 SHINONOME
10. 孔雀 KUJAKU
11. 霞 KASUMI
12. 鷹 TAKA
13. 桂 KATSURA
14. 常盤 TOKIWA
15. 楓 KAEDE
16. 招月 SHOGETSU
17. 栂 TOGA
18. 茜 AKANE

2階の折れ曲がった廊下の突き当たりにある「霞の間」の入口
この部屋も私の大好きな部屋のひとつ　もちろん窓に面した掘炬燵式の書斎机付きである

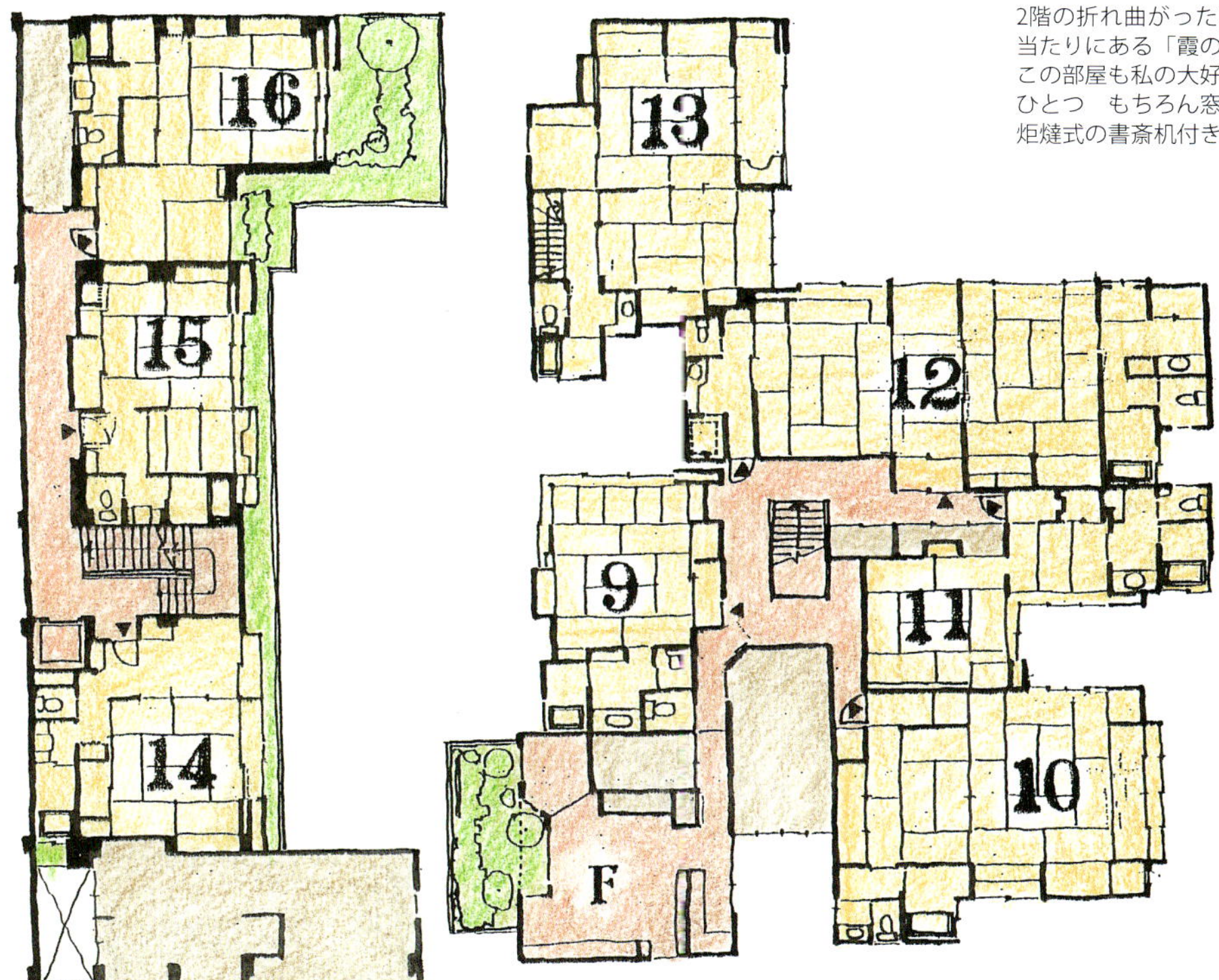

2階

また、話のはしばしに見え隠れする年さんの、既成概念にとらわれない「普請のセンス」に深く感じ入ることもあります。分かりやすく言えば、年さんという人は建築家から見ても「できる！」のです。しかも、彼女には長年にわたって度重なる普請を、身銭を切って（下世話な話ですが、そのために彼女が大枚を投じてきたことも容易に想像できます）繰り返してきた百戦錬磨の経験があります。どの部屋にも、そうした普請経験と持ち前のセンスによって培ってきた、「年好み」とでも呼ぶほかない卓越したアイデアがふんだんに盛り込まれているのですから、目移りするのは無理もありません。また、目移りの原因はそればかりではありません。なにしろ、茶室建築、数寄屋建築では右に出る者はいないと言われる中村外二工務店の大工、左官、建具屋、経師、洗い屋（そういう職種があることをご存知でしたか？）など……どの職種をとっても、とびきりの腕前の職人衆によって丹精込めて造られ、手入れされているので、その見事な仕事ぶりに、ついつい目を奪われ、我を忘れてしまうのです。

結局、案内されたその日に一室を選び出すことができず、私は各室の間取り図のついた全体平面図をもらい、宿題として持ち帰ることになりました。

よくできた建築の図面を眺め、その建築を頭に思い描きながら分析し、自分なりに解釈していくのは建築家ならではの愉悦です。ちょうど囲碁好きが棋譜を繙くように俵屋の図面を読み解いていくと、見学していた時には気づかなかった様々な発見があって感興尽きないのです。私は、持ち帰った平面図を自分流にレイアウトし直し、廊下と客室と庭をそれぞれ色鉛筆で塗り分けて、たっぷり時間をかけて眺めましたが、まっ先に気づいたのは、ほとんどの部屋が迷路のように感じられた廊下の行き止まりに位置していることでした。いわゆるホテル式に片廊下や中廊下に沿ってずらりと部屋を並べる安易な配置ではなく、巧みな配置で廊下のどん詰まりや、建築用語で「入り隅」と呼ぶ建物のコーナー部分に客室がくるようになっているのです。幾重にも折れ曲がった廊下の行き止まりに、人肌の温もりの感じられる客室がひっそりと控えているさまから、私は、トンネルを掘り進み、突きあたりを自分の身体に馴染む楕円形の洞穴にして、とっておきの居場所をしつらえるアナグマの巣穴を連想したりしました。名だたる旅館をアナグマの巣にたとえるのは失礼千万にはちがいありませんが、俵屋の客室にはどこか小動物の巣めいた独特の居心地の良さが感じられます。というわけで、私は客室選びの大切な条件のひとつに、まず落ち着きと安堵感、そしてひっそりとした静けさの生まれる「行き止まりの部屋」または「入り隅にある部屋」を、挙げたいと思います。

ところで、俵屋には客室に至るまでの道中にも宿泊客の利用できる居場所がいくつも用意されています。この旅館にはいわゆるロビー的なスペースはありませんが、代わりに、こうした心誘われる小空間がさりげなく泊まり客を待ち構えているのです。たとえば「ラウンジ」と呼ばれる少人数で親密に語り合う

にふさわしい小部屋があり、その奥に、本棚一杯に画集や美術書を備えた、それこそ繭玉の内部を思わせる「図書室《ライブラリー》」があります。また、ちょっとしたコーナーが俵屋グッズを売る小さな「ショップ」になっていたり、廊下の一部が庭側に膨らんで「庭座」と呼ばれる庭を眺めながらくつろぐ場所になっている……といった具合です。つまり、廊下を歩いていても、ちょうどエア・ポケットに落ち込むように寄り道したくなる心憎い趣向が凝らしてあるのです。

さて、ここまで書いたら、忘れずに「アーネスト・スタディ」と呼ばれる部屋について触れておかなければなりません。この部屋は年さんの夫で、写真家だった故アーネスト・サトウ氏の本やコレクションなどを置いた一種のメモリアル・ルームですが、その名の通り、宿泊客が書斎として使ったり、インターネットをしたりするための部屋として夕方から開放されています。ここは、廊下の途中にあるエア・ポケット的な場所ではなく、二階廊下の奥の行き止まりにあり、正真正銘、巣穴ムード満点、居心地抜群の屋根裏的小部屋です。座り心地の良いデンマーク製の椅子がゆったりと置かれ、いったんその椅子に腰をおろしたら、もう、ちょっとやそっとでは動きたくなくなるので、この部屋に赴くには長居覚悟でなければなりません。

すっかり「寄り道」してしまいました。本題の客室選びの話に戻りましょう。いよいよ客室内部の条件についてです。最初に私は「身の置きどころに困ってしまいます」と書きましたが、身の置きどころというのは、別な言い方をすると、自分が自分らしくしていられる居場所のことです。俵屋には、どの客室にもその居場所が痒いところに手の届くように用意されていますが、正座やあぐらの不得手な私は、なんといっても掘炬燵式の書斎机のある客室に心惹かれます（俵屋にはそのタイプが八部屋あります）。そして、その机の前に手入れの行き届いた坪庭でも広がっていたらそれこそ申し分ありません。蹲《つくば》いにしたたり落ちるかすかな水音、障子に映る木漏れ日……日本建築は庭があっ

2階廊下の奥の奥にあるアーネスト・スタディ
私が惚れ込んだこの小部屋は屋根裏部屋ムード満点　良く手入れされた窓一杯の植物は、実は屋根の上に施された植栽というから驚く

てはじめて成立するものですが、庭のしつらえと手入れにかけても、俵屋の（つまりは、年さんの）並々ならぬこだわりと気遣いを感じないわけにはいきません。ここではその庭について詳しく述べることができませんが、客室と庭の見事な相互関係については、やはりいつか、しっかり語られなければならないでしょう。

このような部屋で、庭を眺めたり、読書したり、日がなぼんやりできたら、わざわざ喧噪の街に出かけていくのが億劫になってしまうはずです。そう、外出したくなくなる部屋、なんとなくそこに居続けたくなる部屋、というのも客室選びの重要な条件のひとつかもしれません。旅館やホテルは、ただ泊まるだけではなく、そこに滞在する場所でもあるのです。

最後になりましたが、旅館やホテルでもっとも大切なのは、洗面所・浴室・トイレなどの水まわりが清潔で快適なことです。旅人はぐっすり眠りに来ると同時に、心おきなく風呂に浸かり、誰に気兼ねすることなくトイレを使うために旅館やホテルを利用するのです。ここは心身共に無防備になるところですから、万全の心構えでしつらえられた「安全」と「安心」と「快適」こそが、手厚いもてなしになるのです。高野槙の浴槽になみなみと張られたお湯、清潔なバスタオルや寝間着、洗面台に並べられた数々の特製アメニティグッズなど。この点に関しては、俵屋は全室共通のホスピタリティを誇っていますからわざわざ「どの部屋」と特定しなくても良さそうです。

ここで、私が「これぞ」と思う客室選びの条件を整理すると、次のようになります。

一、廊下の行き止まりの部屋、または入り隅に位置する部屋であること。

一、部屋に掘炬燵式の書斎机があること。

一、風情のある和風庭園の眺めが愉しめること。

一、水まわり（洗面所・脱衣所・浴室・トイレ）が清潔、快適で心安らぐこと。

そして、上記の条件をあますところなく備えた客室として、私は敷地の北側、三階建の鉄筋コンクリート棟の一階部分にある「竹泉の間」を挙げたいと思います。この建物の設計者は建築家の吉村順三氏（一九〇八〜九七）で、和風と洋風が見事に融合した傑作として知られています。完成してから四十年経た現在、ほとんどの部屋は改修されていますが、建築好きなら空間の骨格をはじめ随所に吉村順三らしさを発見することができるはずです。じつを言うと、この原稿を書くために、私は昨日からその「竹泉」に泊っています。数週間前、全室を見学しに来たとき、その手入れの良さにしみじみ感じ入った高野槙の浴槽は、木の香もすがすがしい白木の新品に取り換えられていました。浴槽の交換は大体七年から十年のサイクルだそうですから、私は絶妙のタイミングで泊まりあわせたことになります。個人的な好みで客室選びをしようという思いつきに、素敵な褒美が与えられたような気分でした。

コレクターの館

サー・ジョン・ソーン美術館

｜設　計｜　サー・ジョン・ソーン

1824年　イギリス　ロンドン

建築家サー・ジョン・ソーン（1753〜1837）が住んだロンドン中心部のタウンハウス。古代ギリシア・ローマの建築部材から、ホガースやターナーらの絵画まで、資料として集めた品々で邸内はあふれ、ソーンはやがて隣接する建物2軒を買い増して改築し、膨大なコレクションとともに暮らす生活空間を作り上げた。バークシャー州の煉瓦職人の家に生まれ、ロイヤル・アカデミーで建築を学び、〈ダリッジ・ギャラリー〉〈王立病院〉など新古典主義の作品を数多く残す。代表作ともいえる自邸は、没後、美術館として国に寄贈された。

サー・ジョン・ソーン美術館はロンドン市内、リンカーンズ・イン・フィールズにあります。イングランド銀行本店などの設計を手がけた建築家サー・ジョン・ソーン（一七五三〜一八三七）が生前住んでいた自邸をそのまま利用し、彼の蒐集した膨大なコレクションを展示した美術館です。コレクションの蒐集にあたってはジョン・ソーンなりの基準があったと思いますが、時代も様式も出自もまちまちな、絵画、彫刻、工芸品が、壁といわず、棚といわず、床といわず、天井といわず、ありとあらゆるところに所狭しと飾られていて、その迫力にまず圧倒されます。分かりやすくいえば美術館というより古道具屋の店内といった雰囲気です。濃密な空気の充満した室内に踏み込むと、一点一点を鑑賞し、その由来や価値などを考えているどころではなくなります。というのは、それを蒐集した人物の強烈な執着心が展示物の間からチラチラと垣間見えて、落ち着いて鑑賞していられなくなるからです。数が多すぎるために、かえってひとつひとつのモノから価値と意味が奪われ、結局、美術館丸ごとで「ひとつ」という大ざっぱな印象を受けてしまうのは、たぶん私だけではないと思います。

美術館の内部を歩きまわりながら、私の脳裏には別の二人の建築家の自邸の様子が思い浮かびました。共に二十世紀のアメリカを代表する建築家で、チャールズ・ムーアとフィリップ・ジョンソン（一九〇六〜二〇〇五）のふたりです。

［右頁］天窓からの光が差し込む吹抜けの空間　古代ローマ彫刻の残欠などが所狭しと飾られている　中央に白く浮かび上がる胸像は、友人の彫刻家フランシス・チャントリー作のジョン・ソーン像
［上］ソーンのアトリエ　コレクションが単なるコレクションではなく、建築を考える上での教材の役割をしていたことが理解できる

チャールズ・ムーアの自邸の写真をアメリカの建築雑誌で見つけ、その珍奇なインテリアに度肝を抜かれたのは、大学を卒業して小さな設計事務所に入ったころです。チャールズ・ムーアといえばなんといっても〈シーランチ〉という名のコンドミニアム（別荘地の集合住宅）を設計した建築家として有名で、私はその〈シーランチ〉に、学生時代はぞっこん惚れ込んでいたのですが、同じ建築家の自邸がこれほど「妙ちくりん」だとは夢にも思っていませんでした。ムーアの自邸はコネティカット州エセックスにあるヴィクトリア朝風の古い建物を改造したもので、内部にはジャイアント・ファニチャーとムーアが呼んだ、家具とも造作ともつかない、階段室を組み込んだ空間装置（巨大遊具を想像してください）がしつらえられ、一見、幼稚園の遊戯室といった様相でした。室内は愉快な祝祭気分に溢れていて、楽しいといえば楽しいのですが、この家で落ち着いた（まともな？）日常生活がおくれるのだろうかと、人ごとながら心配になったりする家でした。

なかでも私が「度肝を抜かれた」のは、二階の居間と寝室です。そこには天井に届かんばかりの高さの合板製のピラミッド（スイカを割った色に塗られていました）が据え付けられ、そのピラミッドの一部をスパッと切り取って内部に蟻の巣のような棚が作られています。そこにムーアご自慢のおびただしいオモチャが飾られていました［100頁］。ムーアの解説によると、ピラミッドの頂点の真下に頭が来るようにして眠ると特別な霊感が得られるという説があるとかで、それを自宅で実験していたのだそうです。スイカ色のオモチャ棚の裏側には、ちょうど頭がその位置に来るようにベッドが突っ込まれていました。当時ムーアはイェール大学の建築学部長《ディーン》をしていたはずですが、彼にはそういう地位にある人物とはとても思えない、悪戯っ子がそのまま大人になってしまったような印象があります。もちろん、高い知性と優れた建築的センスの持ち主であったことはいうまでもありませんが、そこに無邪気と快活な狂気が同居していた人だったといってもいいかもしれません。なにしろ、奴凧のよ

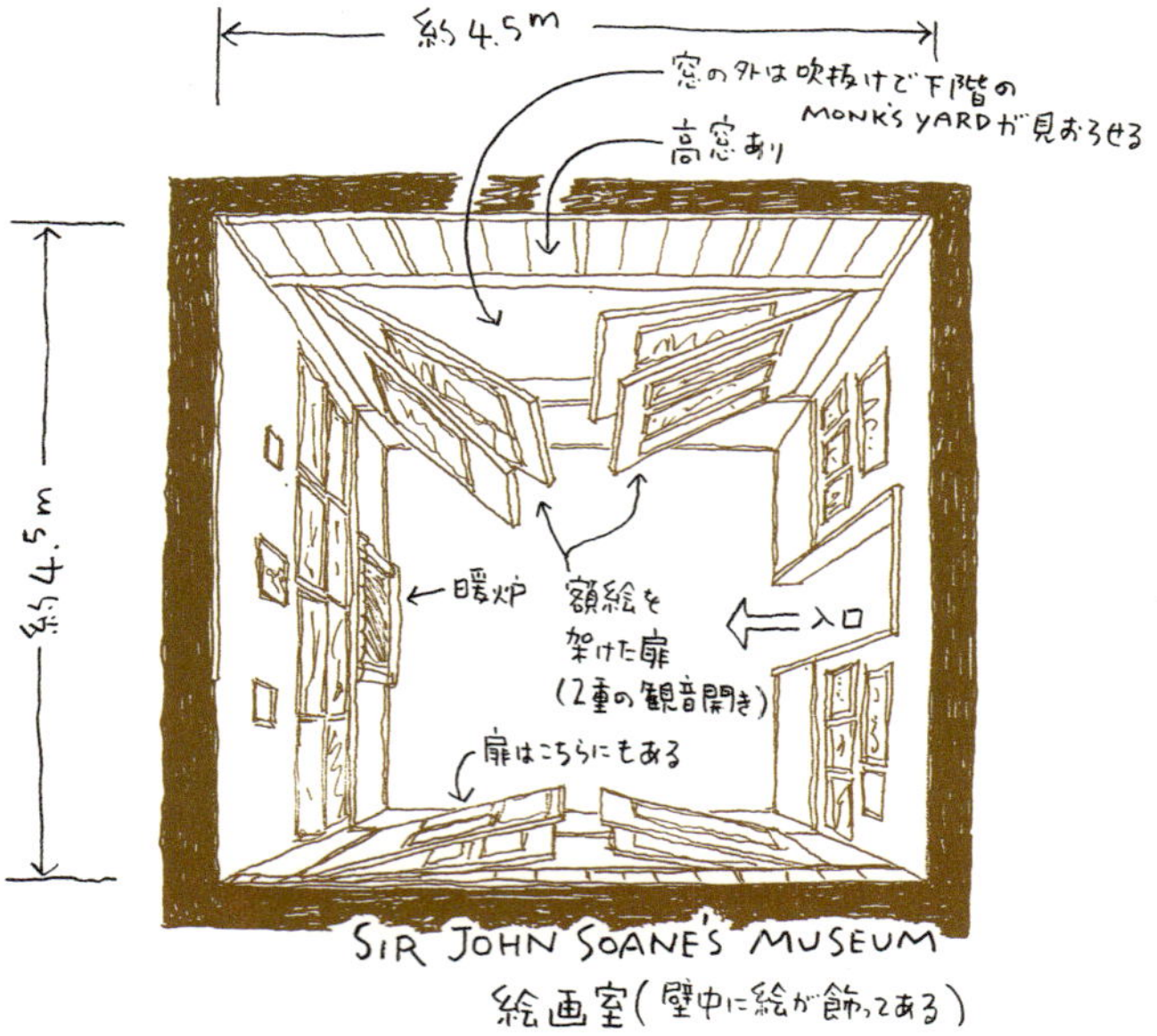

［左頁］絵画室　観音開きの扉の表裏にホガースやピラネージやソーン自身の絵が架かっている　窓際のニンフ像の足元にあるのはソーンの代表作イングランド銀行本店のファサード模型

BANK OF ENGLAND SOUTH FRONT

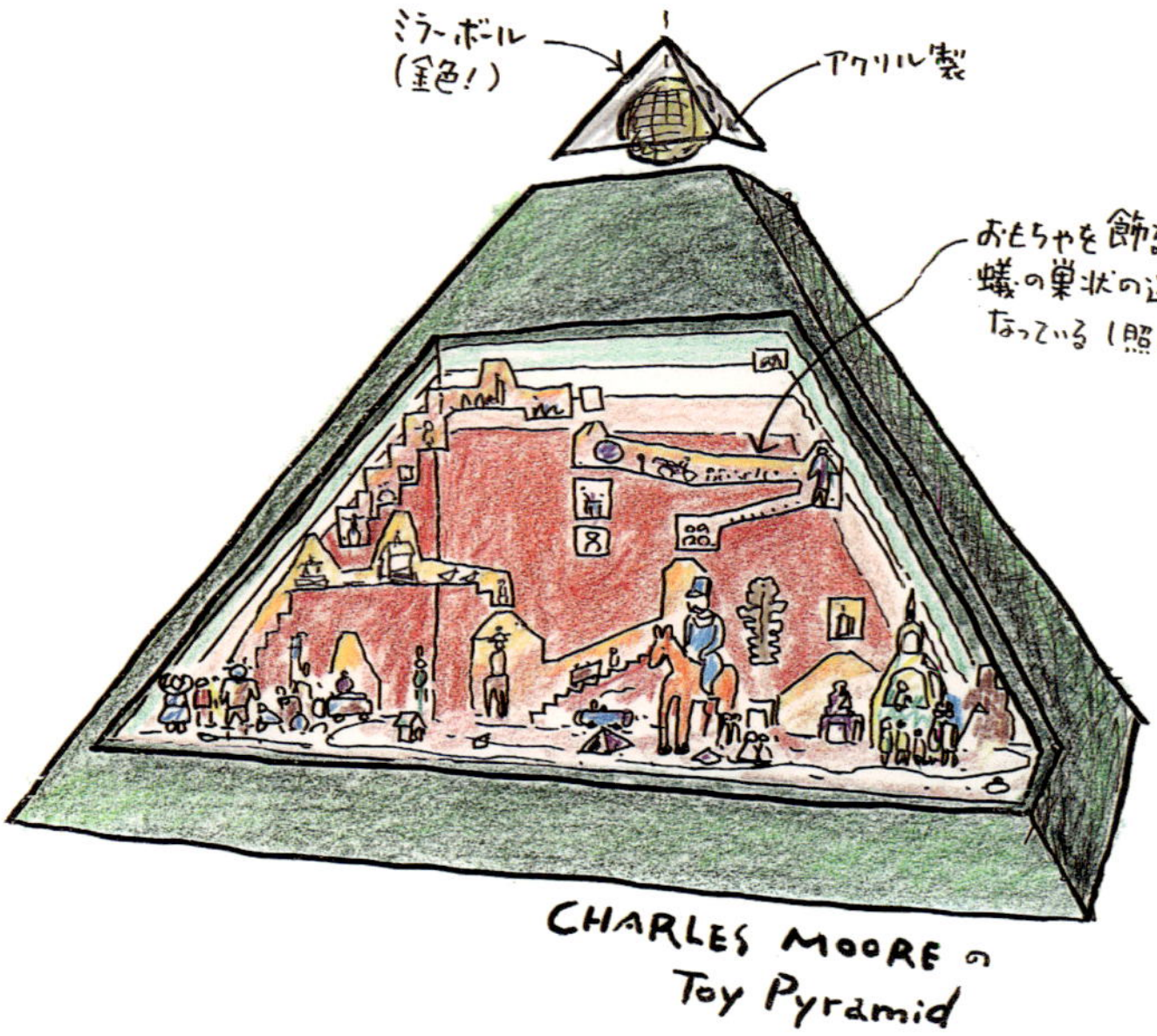
おもちゃを飾る棚が
蟻の巣状の迷路に
なっている（照明付）

うな髭を生やした巨漢で、生涯独身で、オモチャと人形の偏執狂的なコレクターなのですから……はた目にはどう見ても「ちょっと変な人」なのです。

自邸の写真に度肝を抜かれてから二十年ほど経った時、〈シーランチ〉の一住戸であるムーア・ユニット（つまり、もうひとつのムーア自邸）に泊まる機会がやってきました。その頃には、ムーアがお人形やオモチャの熱烈なコレクターであることを知っていましたから、別荘の内部のそこここにそうした蒐集品がうやうやしく飾られているのを見ても別に驚きませんでした。いや、驚かないどころか、むしろそのひとつひとつに見入っては大いに愉しんでいました。「ああ、こうやってひとつひとつ買い集めたモノを愛おしむように飾り付け、それを見て、またひとりでほくそ笑むのがコレクターというものなんだ」としみじみ納得できたのです。

チャールズ・ムーアは、サー・ジョン・ソーン美術館のことをもちろん良く知っていて、それを建築的な視点からも高く評価していました。彼はこの美術館について、次のように書いています（C・ムーア、G・アレン、D・リンドン『住宅とその世界』石井和紘、玉井一匡訳／鹿島出版会）。

「この家とコレクションの間には、切っても切れないつながりがあった。伝統的な部屋部屋は絵画や陳列品で埋めつくされ、それらは、ソーンの建築家としての作品の特徴であるロマン主義を示していた。古典の伝統とそのルールに浸り切りながらも、彼は全く独創的に、筋を通した奔放さをもって、陳列し、空間をつくり上げた。彼のもっているものは、コレクターとしての情熱であった。そして光と影のつくる神秘的な効果を楽しむように、異なった意味の併置、集合に喜びを覚えていた。彼の情熱は空間に関する月並な前例やきまりきった構成では、とても押え切れないほどにはげしいものだった」

「筋を通した奔放さをもって、陳列し、空間をつくり上げた」

なんだかムーアが自分自身のことを語っているようで思わずニヤリとしてしまいます。言ってみれば同類同士ですから、そのあたりのニュアンスは一目瞭然に分かるんでしょうね。

先ほど私は、サー・ジョン・ソーン美術館は展示品が多すぎ、コレクションの内容も多岐にわたりすぎているので、ひとつひとつをじっくり見ていられない、という意味のことを書きました。蒐集品のレベルがどの程度なのかも私には分かりませんが、全体に玉石混淆の印象は拭えませんでした。もともとソーン自身も名品を蒐集しようとは考えていなかったようで、コレクションは人に見せるためのものというより、彼自身の建築設計の仕事のための参考資料であり、教材的な性格を持っていました。

私は、この美術館の見どころは展示品よりむしろ建築そのものにあると思いました。ソーンは最初、道路側から見て一番左の十二番地の建物を買って建て替え、その後、お隣りの十三番地を買って改修し、のちに十四番地の建物も買い取ってこれも完全にやり替えて現在の姿にしています。根っからのコレクターだったソーンは、土地と建物をコレクトし、部屋と空間をコレクトしてそれを蒐集品の展示スペースに変身させていったのです。

この美術館の見学者が決まって感嘆の声を上げるのは絵画の展示室です。館員がいかにもイギリス人らしい勿体ぶった仕草で絵の架かった壁に手を掛け、ぐっと手前に引くと、ギィーと軋む音がして壁がはがれるようにめくれ、その奥にまた額の架かった壁が現れます。壁に見えた部分はじつは扉で、絵の額はその表裏に架けられているという趣向です。このアイデアもちょっと考えるとそう珍しいことではなく、教会の祭壇画（たとえばゲントにあるファン・アイク兄弟の祭壇画なんかを思い出して下さい）などにはよくある手法ですが、サー・ジョン・ソーン美術館の場合、扉が幾重にも重なっていて、場所を取らないでたく

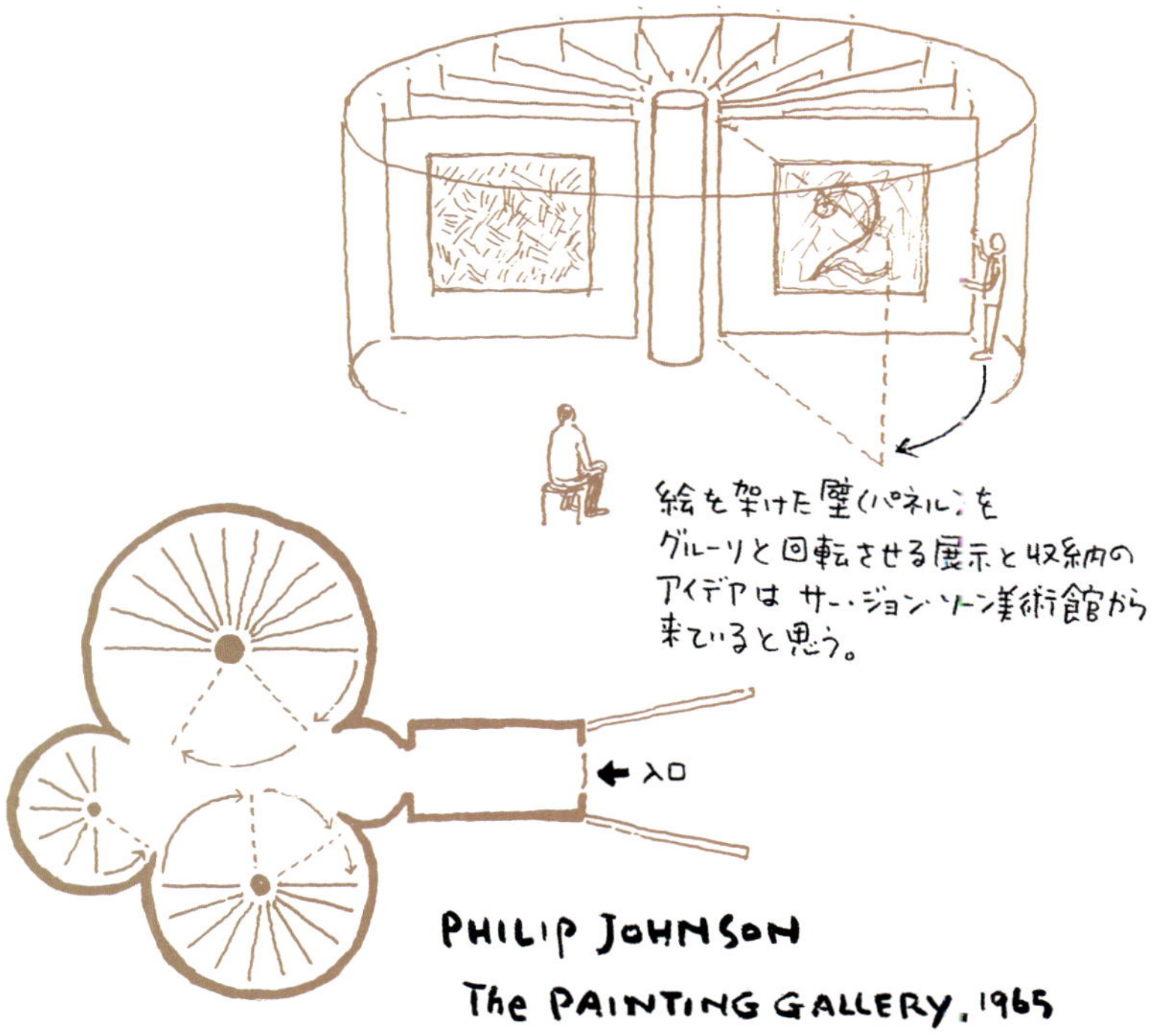
絵を架けた壁（パネル）を
グループと回転させる展示と収納の
アイデアは サー・ジョン・ソーン美術館から
来ていると思う。
入口
PHILIP JOHNSON
The PAINTING GALLERY, 1965

さんの絵が架けられるのが特徴です。仏壇のように観音開きになった扉を次々にめくっていく感じは、立てかけた大型の画集をめくる感じによく似ていて、期待と驚きに満ちています。収納と展示が同時にできるのがこのアイデアの素晴らしさですが、そういう効率的で合理的な側面より、なにかもっと心の奥深いところをくすぐる、秘儀めいた仕掛けのように感じられました。左右、合計四枚の扉をめくり終わると、そこは吹き抜けに面した窓になっていて、そのポッカリと開いた穴から幽かな光が差し込んでおり、ソーンの仕掛けた夢の続きがまだその先に繋がっているようでした。

建築家フィリップ・ジョンソンの自邸が思い浮かんだのは、じつはこの絵画展示用の扉の開閉操作を見ていた時でした。ジョンソンはコネティカット州ニューキャナンの広大な敷地内に、半世紀をかけて有名な〈ガラスの家〉を含む九つの建物を建て、「建築ミュージアム」とも言うべき建築群をつくりましたが、そのうちのひとつが、彼が蒐集した現代絵画を展示し、鑑賞するためのペインティング・ギャラリーです［101頁］。その絵画の展示システムのルーツが、サー・ジョン・ソーン美術館の絵画室の扉だったことに、そのとき突然、私は気づいたのです。ソーンは窓の扉として考えましたが、ジョンソンはそれをさらに発展させ、可動式の壁にしています。裏と表の両面に絵が飾れるアイデアは同じですが、その壁全体を手動でグルーリと大きく回転させる意表をついた仕組みです。建物の平面《プラン》を四つ葉のクローバー型にし、その葉の三枚分が絵画の収蔵と展示を兼ねるという解決は、ソーンのアイデアをさらに優雅に、そしてダイナミックに昇華させたものだと思います。こういう実例を思い出すと、私は、ジョンソンの普請道楽的な性向も、どこかにジョン・ソーンの影響があるのではないかと勘ぐってしまいます。ジョンソンが〈ガラスの家〉の完成直後に建てたゲストハウスには、明らかにジョン・ソーンの朝食室からの「写し」と思われる浅型ドームが取り付けられていることも、ごく自然に思い出されるからです。

ロンドンから帰国し、近代建築史専攻の友人にそんな話をしたところ、ジョン・ソーンとフィリップ・ジョンソンを結びつけて考えるのは、専門家の間ではすでに定説になっているとのことでした。言葉のレトリックをもてあそぶ趣味のあるフィリップ・ジョンソンは、自分の名前の「ジョンソン」を「ジョン・ソーン」に引っかけてあやかろうとしていたようなところもあるはずだと、その友人は教えてくれました。

チャールズ・ムーアといい、フィリップ・ジョンソンといい、その鉱脈が深いところでジョン・ソーンとつながっているらしいことを発見したのが、今回のサー・ジョン・ソーン美術館見学の大きな成果でした。ジョン・ソーンという建築家のことにも、美術館のことにもくわしく触れることができませんでしたが、「百聞は一見に如かず」。ロンドンに行ったら、読者の方々も、このコレクターの館をぜひちょっと覗いてみて下さい。

五十年後の建築家冥利

ケース・スタディ・ハウス#1

｜設　計｜　ジュリアス・ラルフ・デイヴィッドソン

1948年　アメリカ　カリフォルニア州ロサンジェルス

ケース・スタディ・ハウスは、ロサンジェルスの建築雑誌「Arts＆Architecture」が、1945年に「新しい住まい方」を求めて企画した実験住宅プロジェクト。さまざまな建築家によって66年までに36軒が計画され、うち26軒が実現した。その第1号住宅の設計者は、ジュリアス・ラルフ・デイヴィッドソン（1889〜1977）。ベルリン生まれで製図工からスタートし、ロンドンで船の内装設計に従事した後、1923年渡米。ホテルの家具や照明から映画セットまで、幅広いデザインをこなした。作家トーマス・マンの家の設計も手がけている。

週に一度教えに行っている大学で、建築工学科の四年生のゼミを受け持っています。と言っても、講義ではなく、大学の最後の年をやり甲斐のある研究で締めくくりたいと考えている学生たちと一緒に、テーマを決め、肩を並べて勉強する一種の勉強会です。このゼミは、日ごろ仕事と雑事に追われ、せわしなく動き回っている私にとっては、息抜きと勉強が同時にできるかけがえのない時間になっています。

二〇〇三年の研究テーマは一九四〇年代後半から六〇年代にかけて、ロサンジェルスを中心に静かな住宅ブームを巻き起こした「ケース・スタディ・ハウス」でした。ケース・スタディ・ハウス（以下、CSHと書きます）といっても、あまり馴染みのない言葉かもしれません。簡単に言えば、「新しい住まい方の提案を盛り込んだ、核家族のための実験的な住宅」のことで、「Arts & Architecture」という、当時人気のあった芸術・建築の専門誌が、一般の人たち向けに企画し、新しい住宅スタイルへの関心を大いに高めました。

具体的には、気鋭の建築家たちが誌上に住宅の基本計画案を発表し、読者の中からその住宅の住み手を募集して実際に建て、応募者にそこに住んでもらうという画期的な試みでした。つまり、雑誌というメディアが、建築家（というより建築家の基本計画案）と住み手の仲人役をしたわけです。この企画は、比較的若い世代を対象としたものですから、当然ながらローコスト住宅

フラットルーフを載せた平屋の箱形建築、というCSHの特徴を表すCSH＃1の庭側の外観　50年以上の時を経ても建物が少しも時代遅れに見えないことや、くたびれた印象を与えないことに目を瞠る

でなければなりませんでした。

雑誌の編集発行人であるジョン・エンテンザという人物は、なかなかのやり手で、ローコスト住宅を実現するために、建材メーカー、住宅関連部品メーカーなどに声をかけて資材や部品の寄付を募り、メーカーにはその見返りに雑誌で取り上げて宣伝する、といったマスメディアを巧妙に利用する才覚も備えていました。

「Arts & Architecture」誌上でCSHプログラムの企画が始まったのは一九四五年。これが第二次世界大戦後の景気回復政策である建設ブームの一翼を担っていたことも忘れるわけにはいきません。プログラムは一九六六年まで続き、その間に合計三十六軒の住宅が計画され、そのうちの二十六軒が実際に建てられました。CSHは計画された順にCSH#1、CSH#2……と表記します。実現した住宅の中には、一九四九年に完成したCSH#8の〈チャールズ・イームズ自邸〉など、二十世紀の住宅史を飾る傑作がいくつも含まれています。

学生たちと関係書を読み漁り、模型を作って間取りや空間構成の分析などをしているうちに、やはり実際に現地を訪れ、それらの住宅を自分の眼で見、部屋の内部を自分の足で歩き回ってみたいという気持ちが次第に高まってきました。幸い、ロサンジェルスには、CSHはもちろんロサンジェルスの戸建て住宅やハウジングに並々ならぬ関心を抱いており、地元の強みで機会あるごとにそうした建物を熱心に見学して歩いている建築家の友人、田中玄さんが住んでいます。夏休み明けにその田中さんに連絡を取り、見学の申し込みなど、いっさいのコーディネートを依頼しました。見学ツアーは、田中さんの用意周到なコーディネーションと通訳のおかげで、予想をはるかに上回る成果を上げることができました。私たちは、いまでもいい状態で住み続けられているCSH六軒と、一九四〇年代の終わりから六〇年代の初頭にかけて建てられた住宅十八軒を訪問し、その内部までつぶさに見学し、写真を撮り、実測し、大満足の笑顔で帰国しました。

手前は食堂　その奥の居間は、もとは外部だった部分だが、増改築のさい室内に取り込まれた　家具はオリジナルの状態に戻すため、建築当初の写真と同じものを手に入れたというこの住宅の間取《プラン》りを見ていると、「住み継ぐ」ことのできる間取りの極意は「過不足のないこと」だったことに改めて気づかされます。「やりすぎないこと」も「やらなすぎないこと」も設計者としては、なんともむずかしいことなのですから——

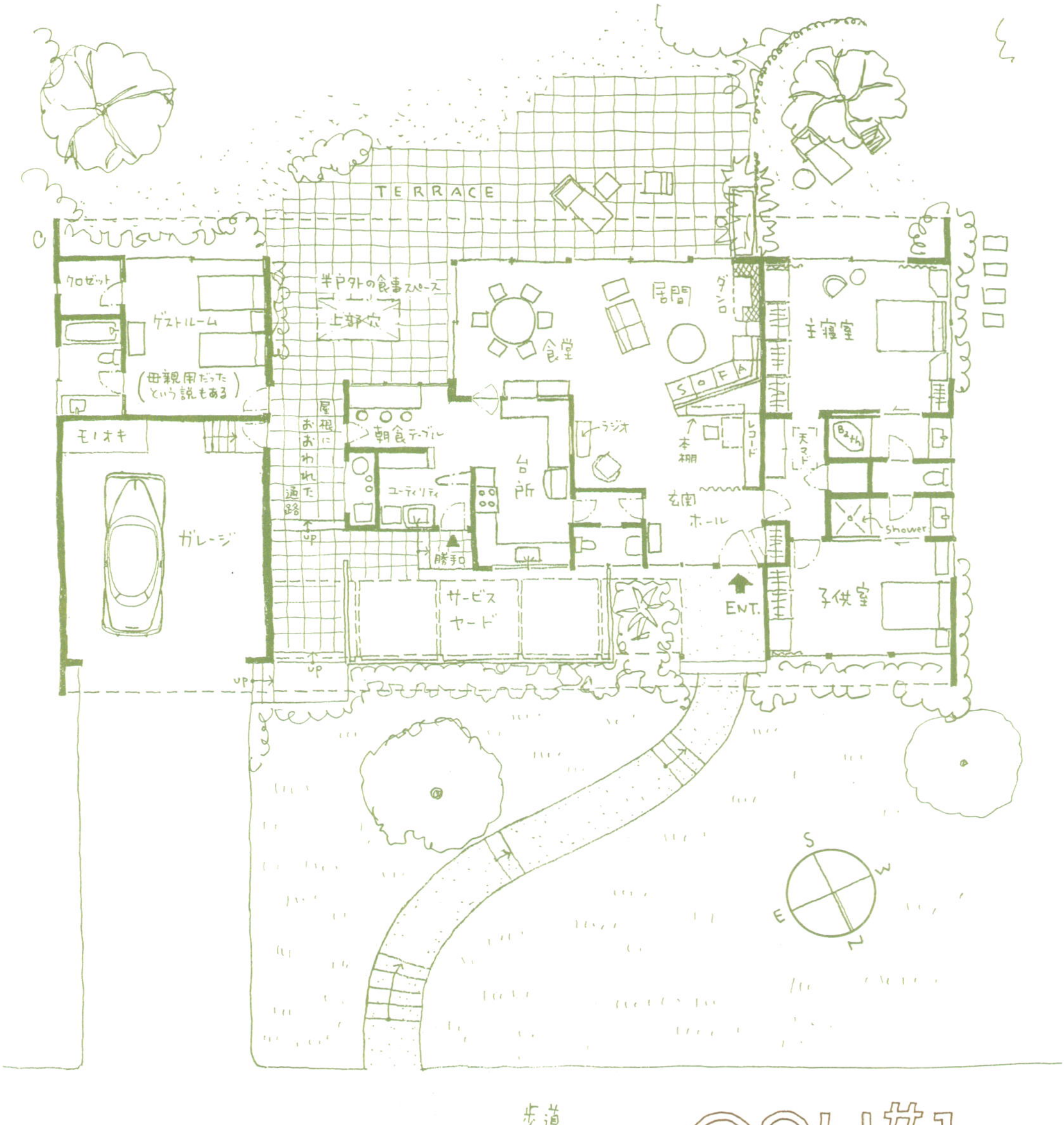

CSH#1
CASE STUDY HOUSE No.1
by
Julius Ralph Davidson 1948

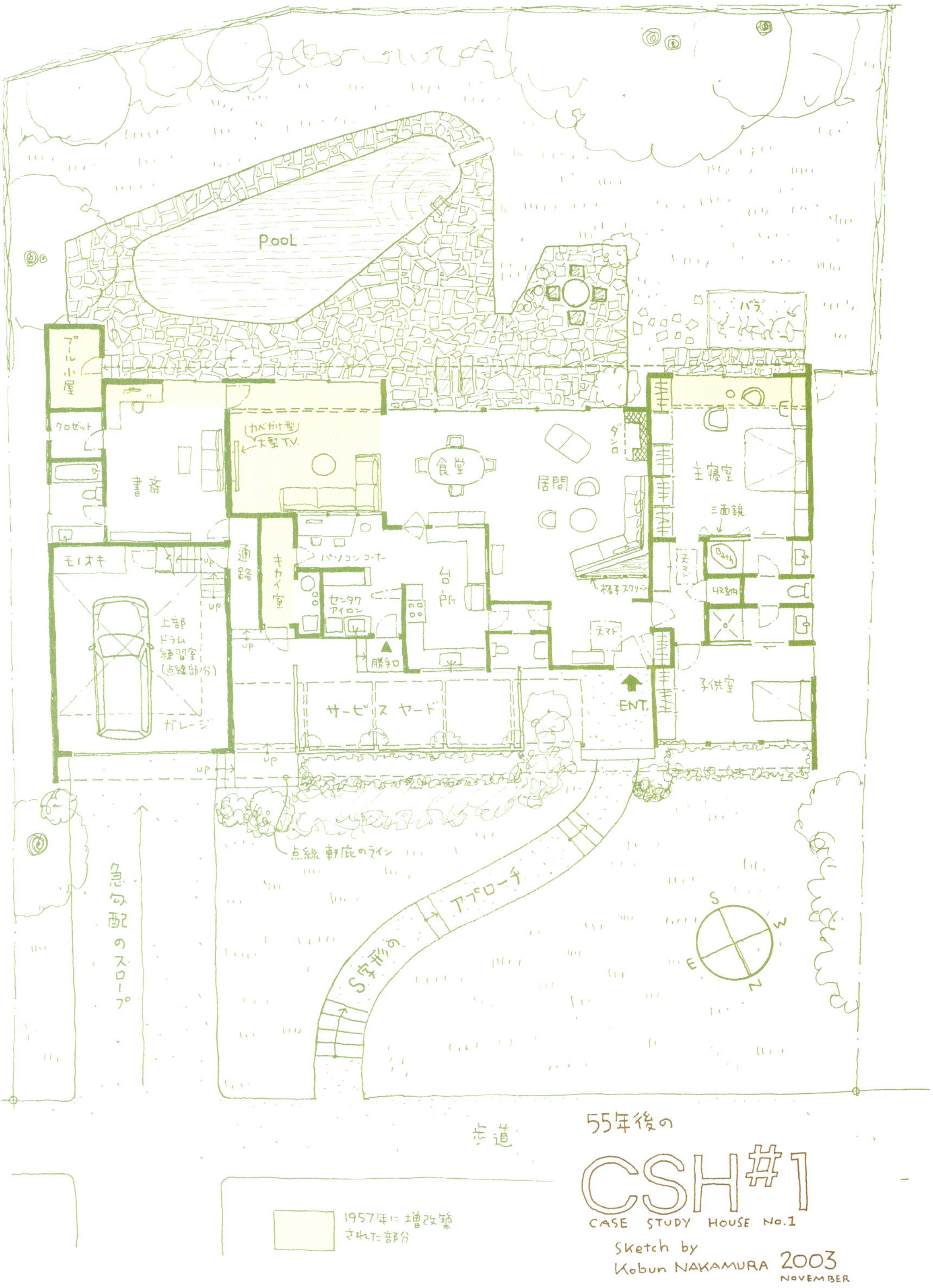
PooL
バラ
プール小屋
クロゼット
書斎
カベかけ型
大型T.V.
食堂
居間
ダンロ
主寝室
三面鏡
Bath
収納
天マド
モノオキ
UP
通路
キカイ室
パソコンコーナー
台所
センタク
アイロン
勝手口
格子スクリーン
天マド
上部
ドラム
練習室
(点線部分)
ガレージ
サービスヤード
ENT.
子供室
点線 軒庇のライン
アプローチ
S字形の
急勾配のスロープ
S
W
E
N
歩道
55年後の
CSH#1
CASE STUDY HOUSE No.1
Sketch by
Kobun NAKAMURA 2003
NOVEMBER
1957年に増改築
された部分

見学に訪れた住宅は、どれも建てられてからゆうに四十～五十年は経っていましたが、私が目を瞠ったのは、半世紀という長い年月を経てきたそれらの住宅が、ちっとも古びたり、くたびれたりしておらず、新築まもない家のようにすみずみまで美しくしつらえられ、整然と住みこなされていたことでした。今書いた「新築まもない家」という言葉も決して比喩ではありません。半世紀前の住宅ですから「古び」や「風格」や「味わい」が感じられそうなものですし、いくらアメリカ西海岸の家でも少しぐらいは「侘び」たり「寂び」たりなんかしそうなものですが、そうしたしみじみした気配は、綺麗サッパリ、洗い流したようにないのです。あるのはカリフォルニアの明るい自然光が部屋の隅々まで行き渡り、どの部屋、どのコーナーにも爽やかな風の通う、端正でいかにも住み心地の良さそうな住宅。そこに住まう家族の現在の暮らしを暖かく穏やかに包み込む、惚れ惚れするような現役のすまいでした。

私がとくに感心したのが、サービススペースの充実ぶり　サービスヤードに面した勝手口から、広々としたユーティリティを通り抜け、台所へとつづくスペースに、居間と同じぐらいの面積が割り当てられている

　また、感謝の気持ちとともにただもう感心したのは、訪問したどの家でも、住んでいる人たちが満面に笑み（これぞ、アメリカン・スマイル！）をたたえて暖かく迎え入れてくれ、その家にまつわる歴史やエピソードを熱心に語ってくれた上で、「さ、どこでもご自由にご覧下さい。写真も遠慮なく、どーぞ、どうぞ」と言ってくれたことです。資料、カメラ、スケッチブック、メジャーを抱えた調査隊のような日本からの団体十数人がドヤドヤと家の中に入り込み、現場検証でもするように部屋中を眺めまわしたり、写真を撮ったり、ヴィデオカメラを回しはじめたら、普通ならあまりいい気がしないはずなのに、その点、実に鷹揚なのです。また、家の中には、たとえば寝室とか納戸の中とか、あまり他人に見られたくない場所もあるものですが、それすらなくて、「どこでも、ご自由に！」です。しかも、そう言った後に、必ず、恐縮しているこちらの気持ちを和らげる

「It's my pleasure !!」という殺し文句を、朗らかにかけてくれるのでした。

それぞれの家で、見たこと、気づいたこと、感じたこと、考えたことを書いていたら、きりがありません。とりあえず、ＣＳＨプログラムの第一号として計画された住宅、ＣＳＨ＃１から紹介しましょう。

ＣＳＨ＃１はノース・ハリウッドの閑静な住宅地にあります。この住宅の設計を担当したジュリアス・ラルフ・デイヴィッドソン（一八八九〜一九七七）は、ＣＳＨプログラムがスタートした一九四五年に、ＣＳＨ＃１の最初の計画案を発表しましたが、二階建のその計画案は実現せず、三年後の一九四八年に最初の案を平屋に手直しした変更案を作成し、その第二案が実際に建てられました。ここからは、平面図《プラン》［１０６〜１０７頁］を見ながら読み進んでいただくほうが良いかもしれません。平面図から床面積をざっと計算してみましたら、住宅部分の面積が日本流に言えば約四十六坪、ガレージとゲストルーム部分が約二十二坪で、アメリカ西海岸の住宅としてはそんなに広い方ではありません。というより、最初の住人だった医師のジョージ・パプキン氏とその家族は、住んでいるうちにその家を少し狭苦しいと感じていたのかもしれません。建ててからちょうど十年目の一九五七年に、再び、Ｊ・Ｒ・デイヴィッドソンに改修設計を依頼して、書斎を造ったり、主寝室を拡げたり、ガレージの屋根を高くしたりする大がかりな増改築工事をしています。こうした増改築のことも、実際にそこを訪れたことで私は知りました。パプキン家は増改築後もずっとこの家に住み続け、一九九七年に現在の住み手であるネルソン一家に売り渡しました。ネルソンさんがこの歴史的な住宅を買い受けてからのエピソードの数々を、ネルソン夫人のドナさんが我々に語ってくれたのですが、住宅設計をライフワークと考えている私にとって、それは興味尽きない話でした。ここでその話をかいつまんで紹介します。

――この家は不動産屋の紹介で偶然知って買った。アメリカ人の夫も、ハンガリー人である自分も、この家が歴史的な住宅であることをまったく知らなかったし、そもそもＣＳＨというものの存在さえ知らなかった。またこの家を斡旋してくれた不動産業者さえそのことを知らなかった。ある時、元のオーナーであるパプキン氏のお嬢さんでインテリアデザイナーのジャネットさんがカメラマンを連れて来て、この家の由来について教えてくれ、建築史上とても価値のある家であることを知って驚いた。それまでごく普通の家にしか住んだことのない夫も、このように手塩にかけて設計された家に住むのは初めてだった。一方、十一歳までユーゴスラビアで育った自分にとっては、この家は子供のころに憧れ、想い描いていた「アメリカの家」そのものだった。そうこうするうちに、再びジャネットさんから、この家が建てられた当時の内部の写真、増改築の折に届いたJ・R・デイヴィッドソンからの手紙、この家（とCSHプログラム）に関する本を売っている建築専門書店やオリジナル図面の閲覧ができる図書館の紹介など、細々とした内容を含む心のこもった手紙が届いた。この家に関してはまったく予備知識を持っていなかった自分たちも、住み込むほどにこの家に心惹かれ、次第次第にこの家を心から愛するようになってきた。そして、そうなるに従って、現在の自分たちの暮らしぶりに合わせながら、この家を、できるだけ建てられた当時の仕上げやしつらえに戻したいと考えるようになった。この家について、古い本や資料にあたって調べることや建築当時の写真を集めること、家具や椅子の張り地用の布までオリジナルに忠実に復元していくことなどが、いつしか自分たち家族にとってかけがえのない趣味となり、生き甲斐になってきている……。

いい話でしょう？

この話をするときのドナさんの生き生きとした表情と熱のこもったお喋りを、文章で再現できないのがなんとも残念です。

さて、ドナさんの話に聞き入り、その後、家の内外を「自由に」歩き回って、細部にいたるまでじっくり見学させてもらいながら、私は、半世紀前に建てられた住宅が、少しも色褪せたり古びたりしないで、いまだに現役の住宅として機能しているのはなぜだろう、と考え続けていました。そして、結局、間取り《プラン》がよく考えられており、長い年月にわたる人々の暮らしを丸ごと受けいれる容器としての配慮が細部にまで行き届いていたからだ、というあたり前のことに思い至ったのです。たとえば、歩き回ってみてまず私が感心したのは、動線計画が実に周到に考えられていることでした。とりわけ、家族のための普段着の動線の見事さは特筆に値します。勝手口から入り、ユーティリティ（家事室）を抜け、台所を経由して食堂や居間に至る動線。もちろん台所からは玄関ホールに直接行けるよう別の動線が確保してあります（言うまでもなく、台所仕事の最中に来た訪問者を玄関に即座に迎えに出るためです）。そして、普通なら切りつめられがちなこうしたサービススペースに、設計者のデイヴィッドソンは居間とほぼ同じ面積を気前よく割り当てているのです。ここが、この家が半世紀をゆうゆうと生き延び、さらにこの先ゆったりと生き延びていくことを可能にする、間取りの「懐の深さ」あるいは「底力」に違いありません。そして、そのような希有な底力を秘めていながら、そのことをおくびにも出さない床しさがこの家にはあります。設計者のデイヴィッドソンにも「住宅はこうあるべきだ」という信念があり、主義主張があったはずですが、それを声高に語ることをしていないのです。心と耳をすましながら家の内外を見渡すと、そこここから耳元に聞こえてくるのはあくまでも低い静かな声で噛みしめるように語られる、市井の人々の日々の暮らしへの敬愛と共感の言葉でした。

ここで、ジャネットさんからネルソン夫妻に届いた手紙の一節を紹介します。五十年前に建てられた家が、こんな手紙とともに別の住み手に引き継がれたのです。家にとって、また、それを設計した建築家にとって、これほどの果報があるでしょうか？　同じ職業を選んだ私は「建築家冥利に尽きるとは、まさにこのことだ！」と胸の内で呟やき、人知れず羨望の熱い溜め息をもらしたのでした。

手紙は次のように結ばれていました。

「ちょうど私たち家族がそうしたように、あなたたちらしい暮らし方、住まい方でこの家を存分に楽しんでください。そしてこの『家《ハウス》』をあなたたちと子供たちにとってのかけがえのない『家庭《ホーム》』にしていただければと願っています。この家の歴史的位置の重要性や、簡素そのものの建築の美しさが、あなたたちにとっても素晴らしく価値あるものになりますよう祈ります」

CSH#1の設計者J・R・デイヴィッドソンは全部で三軒のCSHを設計しています。このうちCSH#11は、CSH#1と較べると床面積はふたまわりほど小さく、小住宅を設計する機会の多い私にはとりわけ親近感の感じられる愛らしい住宅です。前にも言いましたが、CSHのナンバーは計画された順序を示す番号で、実際にはその順に建てられたわけではありません。CSH#1が敷地の変更や計画案の見直しなどの理由で着工にこぎ着けるまでの時間を要している間に、CSH#11の方が二年早い一九四六年に完成してしまい、こちらがCSHプログラムの完成第一号の記念すべき住宅になりました。

CSHについて勉強をはじめたころ、私は一軒一軒の住宅の間取り《プラン》を、設計者と生活者のふたつの視点で仔細に眺めていて、

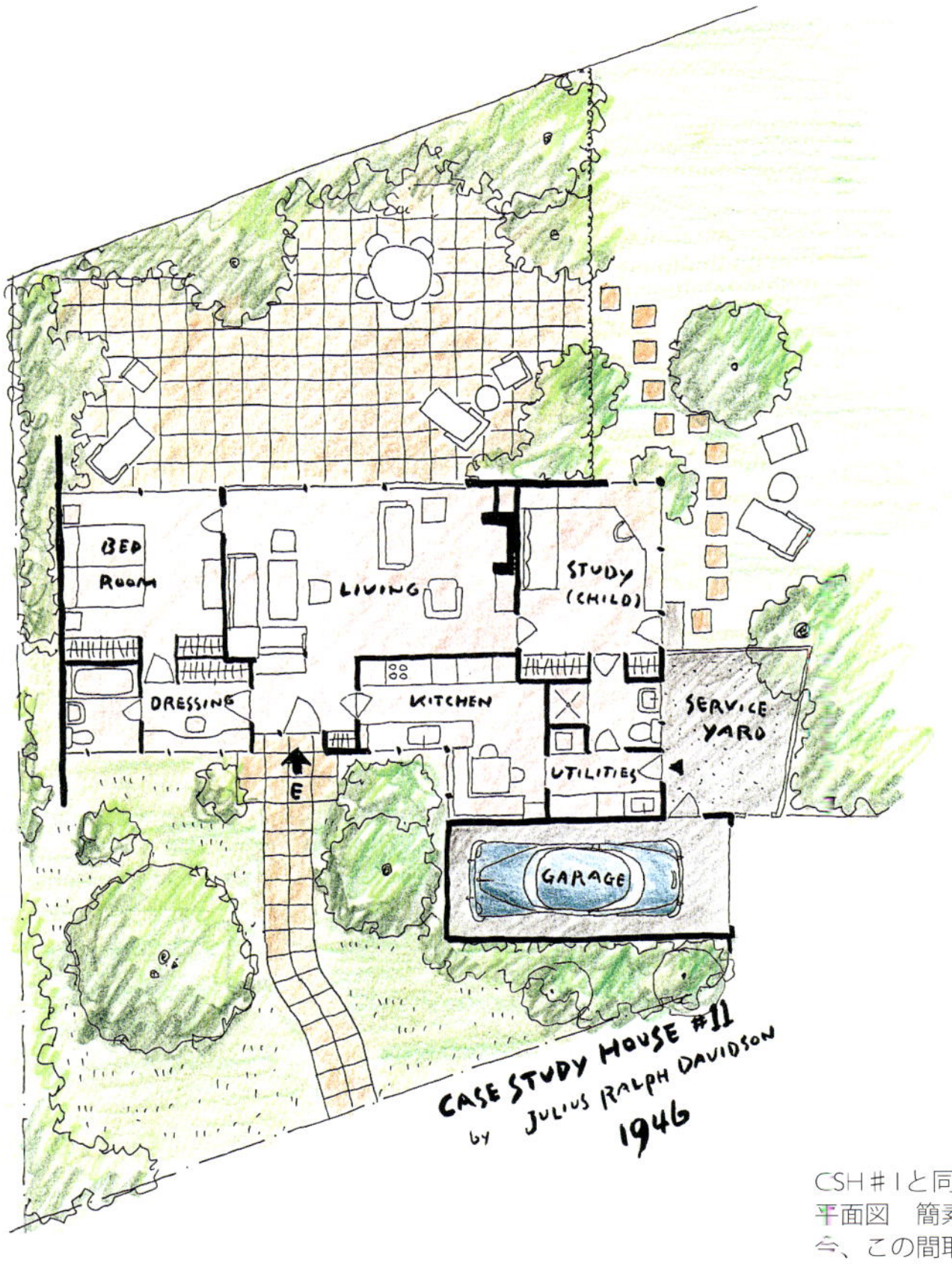

CSH#1と同じJ・R・デイヴィッドソン設計のCSH#11の平面図　簡素ながら達意のプランにすっかり魅了される　今、この間取りのまま建てても、住み心地良く便利に暮らせそうである　残念ながらこの家は現存していない

このCSH#11に出会い、市井の人々の日々の暮らしへの愛情と細やかな気配りを感じさせるそのプランにすっかり魅了されてしまいました。CSHプログラムといえば、ロサンジェルス市街と太平洋を一望に見晴らす高台の崖地に建つ、スチールとガラスで造られたピエール・コーニッグ設計のCSH#21や、巨大なおもちゃ箱のようなチャールズ・イームズ夫妻の自邸CSH#8が、なんといっても有名で（これらは、いかにも実験住宅然としています）、真っ先に話題にのぼるのですが、CSH#11は、そうした一世を風靡した話題作や、二十世紀を代表する住宅の傑作でないところが、映画なんかでも主役の名演や熱演より、肩の力の抜けた脇役の演技の方に目がいく、私の「好み」に合っていたのかもしれません。ともかく、このCSH#11のプランに、私は「ひと目惚れ」してしまいました。残念ながら、この住宅は現存しませんが、プランだけはくっきりと瞼に焼き付きました。と、ここまで書くと、読者はきっと「一体どこにそれほど惚れたの？」と訊ねたくなるでしょうね。じつは、そう聞かれると困ってしまうのです。というのはCSH#1で、私がひたすら感心したことをここでも繰り返し書くことになってしまうからです。

でも、でも書きます。書かずにいられないのです。

私を魅了したのは、家族用の動線さばきの鮮やかさと、居心地の良い場所をサラリとしつらえる達意の平面計画です。その動線さばきと、間然するところのないプランは、核家族のための小住宅としては究極の到達点、「モダンリヴィングのプロトタイプ」と呼んでもいいのではないかと私は考えています。

ここで、読者には平面図［111頁］の中を、そこで営まれる生活の情景を重ね合わせながらゆっくり「眼で歩きまわって」いただきましょう。廊下や通路のない室内を自由自在に、しかも、行き止まることなく歩きまわることで、わずか三十坪ほどの住宅が無限の広がりを獲得し、日々暮らしていく上で起こりうる様々な状況に、柔軟に、そして過不足なく対応していることを、住み手の感覚としてはっきり理解してもらえるに違いありません。

ガレージ→サービスヤード→勝手口→家事室→家族用の小食堂→台所→玄関ホール→着替え室→寝室→食堂→居間→子供室（書斎）と歩き回り、その子供室からトイレ＋シャワールームをスルリと通り抜けると、あらあら不思議！　元の家事室……という動線は、想像の中で何度歩きまわっても飽きることはありません。

住宅の動線は暮らしの機微に寄り添っているだけでなく、それ自身が「驚きと発見に満ちた小さな旅」でありたいものです。そして、その上で「愉しく」なければなりません。

私はこのことを、CSH#1とCSH#11という小住宅の傑作からしっかり学んだのでした。

住まいの変奏曲

マーヴィスタ・ハウジング

|設 計| グレゴリー・エイン

1948年　アメリカ　カリフォルニア州ロサンジェルス

カリフォルニアに拠点をおいた建築家グレゴリー・エイン（1908〜88）が、ランドスケープ・アーキテクトのガレット・エクボ（1910〜2000）と協同で手がけた分譲住宅。60エーカーに100戸作る予定だったが、実現したのは52戸。同一プランの住宅を角度をずらして配置することで景観に変化をつけている。各戸の壁は可動式で間取りが変えられる。エインはピッツバーグ生まれ、ルドルフ・シンドラーやリチャード・ノイトラの事務所を経て独立。ロシア出身で社会主義者だった父の影響で、庶民向け低コスト住宅の研究に熱心に取り組んだ。

私は前章で、第二次大戦後、ロサンジェルスを中心に巻き起こったケース・スタディ・ハウス運動（CSHプログラム）は、「核家族のための実験的な住宅」だったと書きました。建築界ではそれが定説ですし、私もよく見かける写真などの印象から、ずっと「そうだったのだろう」ぐらいに理解していました。ところが、実際にケース・スタディ・ハウス第一号（CSH#1）を訪ねてみると、私が漠然と思い描いていたのとはちょっと印象がちがっていました。暮らしやすさを考えたプランについてはすでに述べた通りですが、何よりもその外観が私にはどう見てもいわゆる実験住宅には見えなかったのです。とにかく目を瞠るような奇抜な家ではありませんし、建築的な創意工夫が得意げに表現されている家でもありませんでした。それより、街並みの中にしっくり溶け込んで、外観からはそれが特別な家であることを感じさせない、どちらかといえば、ごく控えめで目立たない家でした。私は設計者と住み手の品性を感じさせるその控えめな外観をとても好ましく思いました。

　そうは言っても半世紀前の完成当時は、人々の眼にはその瀟洒な佇まいは、眩しいぐらいに輝いて見えていたかもしれません。しかし、この家にはこれ見よがしな様子や、あたりをはらう感じがありませんから、周辺の木々や植え込みが育つにしたがって街並みの中に違和感なく溶け込むことができたのだと思います。満ち足りた人生を送った人の顔と同じで、建物も街並みも、着実に年を経ることによって、穏やかで柔和な表情に変化していくものなのでしょうね。

　この章ではそうした「街並みに溶け込む家」の見事な成功例、ロサンジェルスにある分譲住宅地〈マーヴィスタ・ハウジング〉を紹介しましょう。

　実は、ロサンジェルスへ見学旅行に出掛けるまで、私はマーヴィスタ・ハウジングという分譲住宅地について、まったく知識を持ち合わせていませんでした。見学のコーディネートをしてくれた建築家の田中玄さんが、一九五〇年代のロサンジェルスの住宅事情を見たいのならこのハウジングを外すわけにはいかないと、気を利かして予定に組入れてくれたおかげで、この美しい分譲住宅地が、私の建築的興味の受け皿に棚ぼた式に落ちてきたのでした。

　マーヴィスタ・ハウジングはロサンジェルスのマリーナ・デル・レイの北部三キロの位置にあります。ロサンジェルスはもともと砂漠地帯でしたが、その面影を残す荒涼とした土地に、一九四七年、百戸の分譲住宅を建てる計画が立てられたの

マーヴィスタ・ハウジングの街区　見上げるばかりの大木に育った街路樹を見ていると、ここが半世紀前までは荒涼とした土地だったことを思い浮かべるのは困難

［上］建設から半世紀の時を経て大きく育った木々が気持ちの良い緑陰で住宅を包んでいる　玄関ポーチの屋根を支えるV型の柱は「スパイダーレッグ」と呼ばれるマーヴィスタ・ハウジングのトレードマークのひとつ
［右］建設当時の写真　植えられたばかりの街路樹は、まだコリー犬の背丈ほどしかない

アレイと呼ばれるサービス用の裏通り　背後にアレイの通っている住戸はガレージや勝手口がこちら側に面している

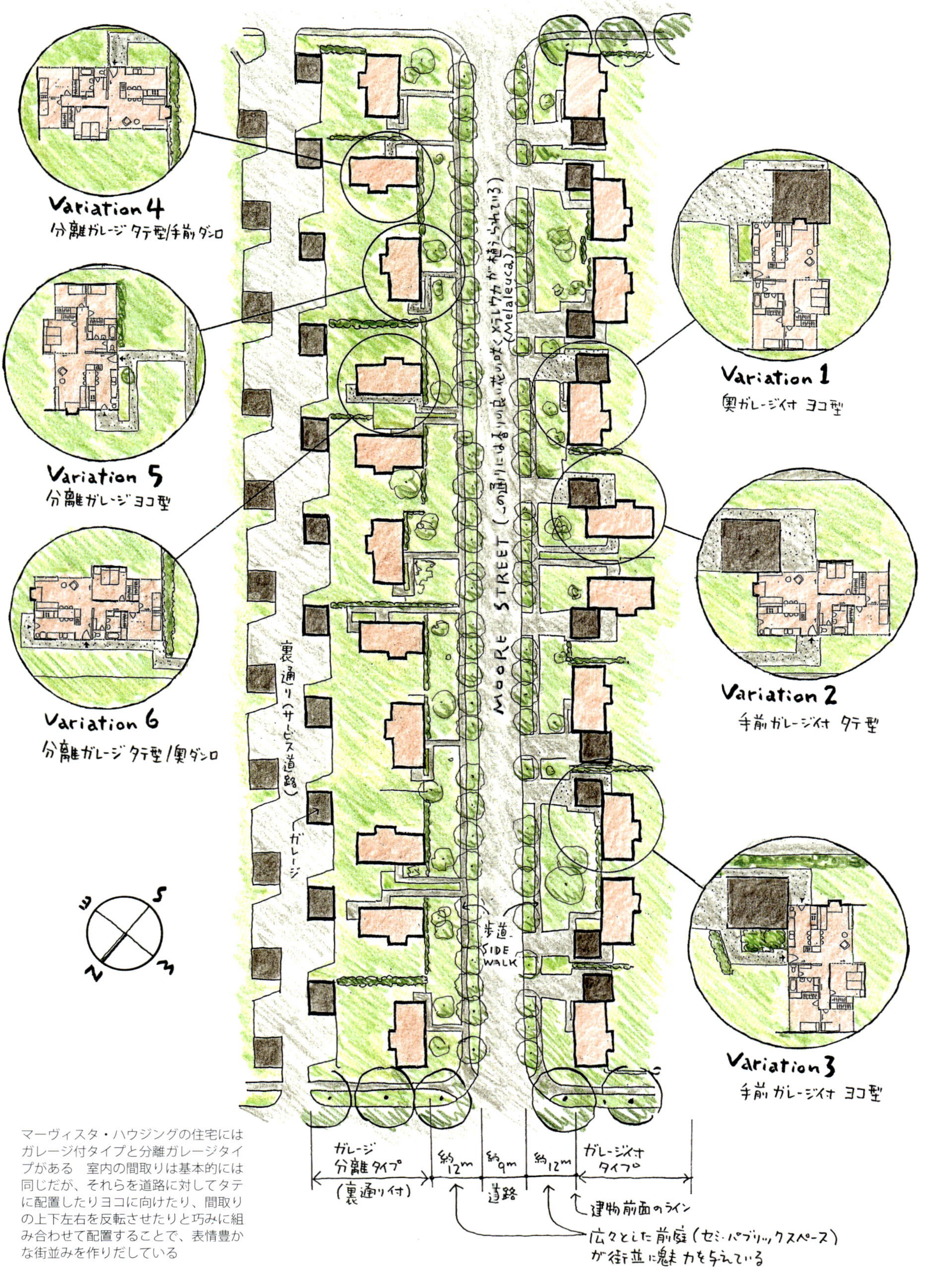

マーヴィスタ・ハウジングの住宅にはガレージ付タイプと分離ガレージタイプがある　室内の間取りは基本的には同じだが、それらを道路に対してタテに配置したりヨコに向けたり、間取りの上下左右を反転させたりと巧みに組み合わせて配置することで、表情豊かな街並みを作りだしている

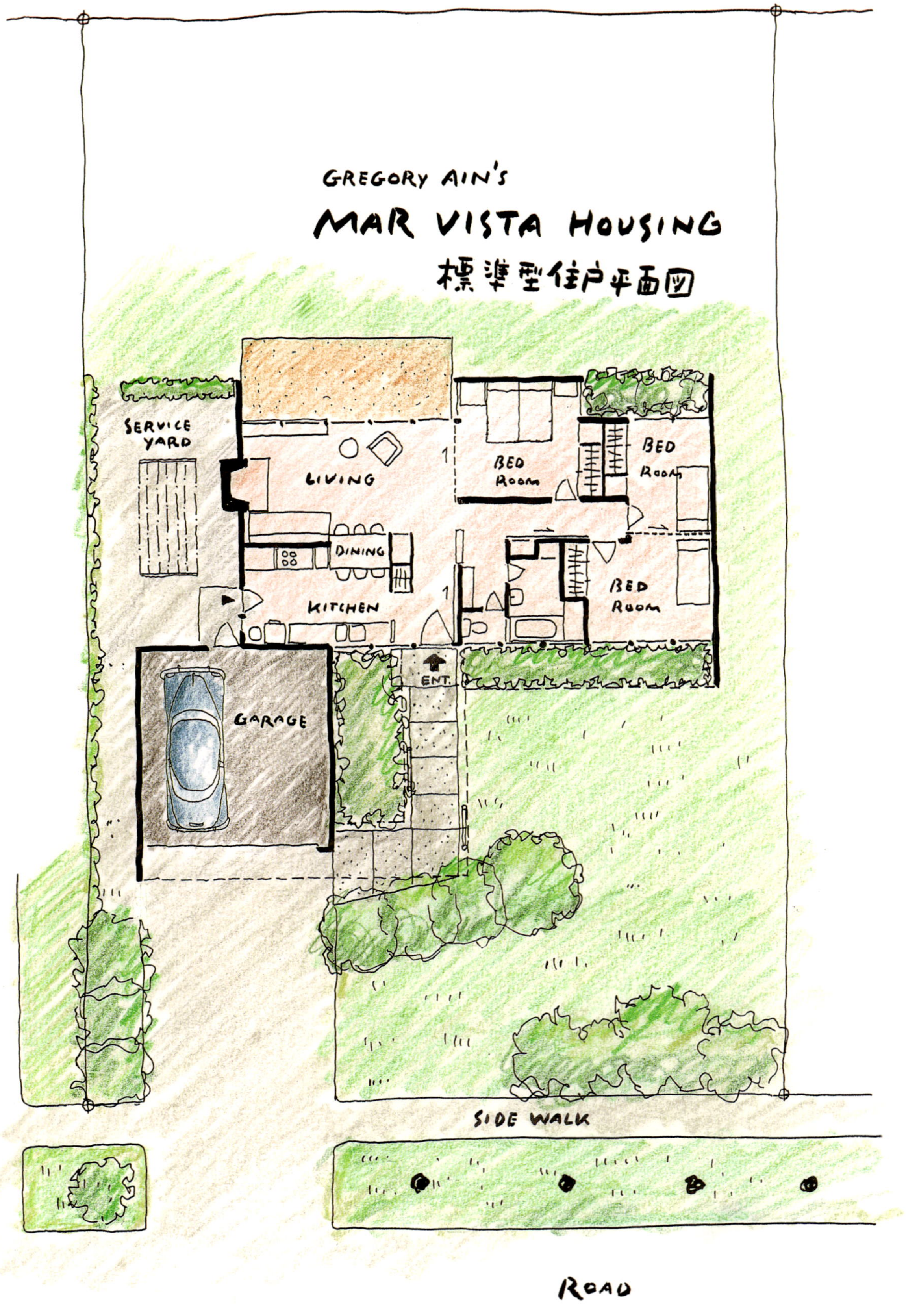
GREGORY AIN'S
MAR VISTA HOUSING
標準型住戸平面図
SERVICE YARD
LIVING
BED ROOM
BED ROOM
DINING
KITCHEN
BED ROOM
ENT.
GARAGE
SIDE WALK
ROAD

です。

設計者は建築家グレゴリー・エイン（一九〇八〜八八）。協働者としてジョセフ・ジョンソンとアルフレッド・デイの二人の建築家が名を連ねています。また、住宅地全体の外構計画と植栽計画は、ランドスケープ・アーキテクトのガレット・エクボ（一九一〇〜二〇〇〇）が特別に招かれて担当しました。

計画案はCSHプログラムを企画した「Arts & Architecture」誌の一九四八年五月号に紹介されました。当初の計画は平屋建の住宅を百戸建設するというものでしたが、実際に建てられたのは五十二軒。この五十二軒の住宅が半世紀後の今でもそっくりそのまま残っています。

［上］住宅内部のようす　どの家もオリジナルプランを尊重しつつ、自分たちの暮らしに合わせて増改築したり改修したり、愉しげに暮らしている
［下］半世紀前のリヴィング&ダイニング・スペース　ちょっとした工夫を盛り込んで限られた面積を有効に使おうとしている

マーヴィスタ・ハウジングの見学で私がとりわけ興味を覚え、印象に残ったことが、いくつかあります。

ひとつは、住戸の標準プラン（間取り）が簡素であり、その造りも驚くほど質素（あっさり言えば、安普請です）でありながら決して粗末にはならず、シンプルであることで、むしろ豊かさが感じられたことです。前章で、ＣＳＨ＃11の面積について「三十坪ほど」と書きましたが、マーヴィスタ・ハウジングの標準プランはそれよりもさらに小さく、延床面積は三十坪に満たないのです。しかし、その限られた面積を有効に使いきる涙ぐましいほどの工夫が、そこここに見受けられました。

そうした工夫の中でも真っ先に挙げなくてはいけないのは、建具によって部屋を仕切ったり、開放したりして、狭いスペースをフレキシブルに使い分けることができることです。昼間は居間の一部として使われていた空間が、夜には大きな引き戸＝スライディング・ウォール（移動する壁）によって仕切られて寝室になったりするアイデアは、無限定の広がりに襖や障子をたてることによって、部屋の面積と用途を自在に変化させる日本の伝統的な住まい方を彷彿とさせます。また、キッチンと居間の間にカウンターを造り付け、そのまま食卓として使うアイデアなどを見ていると、ふと、「茶の間」という言葉が思い浮かんだりもするのです。小住宅であるばかりでなく、こうした暮

住民協定の高さ制限をぎりぎりまで使って増築した住宅の居間兼図書室　オリジナルプランがわずか30坪とは思えないたっぷりとした空間が生まれている

らしに密着した生活派ならではの設計ぶりに、私は大きな共感を覚えたのでした。

　ふたつ目は、画一的になりがちな分譲住宅地の中の住戸配置の計画が、じつに綿密に、そして驚くほどきめ細やかになされていたことです。この分譲地内に建つ住宅の間取り《プラン》は基本的にはひとつです。その標準プランを左右反転させたり、上下にひっくり返したり、ガレージをタテ向きにしたり、ヨコ向きにしたり、そのガレージも家と隣接させたり、別棟にしたり、道路も表通りだけでなくサービス用の裏通りを通してみたり……といった具合に、順列組み合わせによる多種多様なヴァリエーションを作りだし、それを巧みに配置することで、表情豊かで変化のある街並みを生みだしているのです。ここには、人は家の中だけに住むのではなく、まず「街に住む」のだから、愛すべき街並みを造ることから始めよう、という強い信念が感じられます。言いかえると、それは、集合して住むことに対する知恵であり、「人の住む街はこうでなければならぬ」という、揺るぎのない思想にちがいありません。

　そして三番目の興味は、そのように巧みに配置された住宅の一軒一軒が素晴らしく個性的で生き生きと住みこなされていたことです。先ほど私は「五十二軒の住宅が半世紀後の今でもそっくりそのまま残っています」と述べましたが、じつは「そのまま」ではなく、どの家も、何らかの形でオリジナルの標準プランに手を加えていました。もともとこの計画は庶民のためのローコスト・ハウジングでしたから、アメリカの住宅としては決して広い方とは言えません、というより、むしろ狭い方の住宅だったのです。そのため、住人は暮らしていくうちに手狭な家に不自由を感じ、思い思いに増改築を施していきました。つまり「そのまま」では住み続けられなかったのです。私が興味を持ったのは、ほかでもない、この各家各様の増改築ぶりでした。どの家もオリジナルの間取り《プラン》の良いところを上手に残したり、生かしたりしながら、自分たちの暮らしのスタイルに相応しい家に仕立て直していました。

　そのように各家が思い思いに増改築を施しても街並みが乱れることなく、整然とした統一感を保っているのは、マーヴィスタ・ハウジングのコミュニティが自主管理組織を持っていて、増改築に関しても専門委員が独自の建築協定に照らして審査しているからです。たとえば二階建の増築を禁止したり、建蔽率や延床面積の上限を定めたり、道路側からの景観についての規定を設けるなど、細かなルールによって住宅地全体の住環境を守っているのです。そして、そのルールの基本理念は、あくまでも半世紀前になされたグレゴリー・エインのオリジナルデザインの雰囲気と、ガレット・エクボの外構植栽計画を最大限尊重することです。そうした制限内で、ある家は庭側に増築し、ある家はすでに増築された部分を取り壊してオリジナルプランにもどし、ある家は内部の間仕切りを取り除いて大らかな空間の拡がりを獲得したりしていました。また、ある家では道路から見えにくい部分に、高さ制限一杯の一・五階分（二階建は禁止されているので）を増築し、その高さを最大限に利用した本棚を造り付けて、見事な居間兼図書室の空間を生み出していました。

　私は、一軒一軒の家に足を踏み入れるたびに、まったく異なった暮らしぶりと個性的なしつらえに迎えられました。そして、その感じから、家ごとに曲想の異なった音楽が流れているような錯覚を覚えたのでした。玄関ドアをあけるたびに、そう、ちょうどあのゴルトベルク変奏曲の新たな変奏が始まるような気分を味わっていたのです。そして、このような感覚の背後に、しっかりした「主題」の存在を感じないわけにはいきませんでした。主題とは、言うまでもなくオリジナルの間取り《プラン》のことです。マーヴィスタ・ハウジングもＣＳＨ#11に匹敵する、流行に左右されない骨格のしっかりした「モダンリヴィングのプロトタイプ」だったからこそ、こうしたことが可能になったのだと思います。

　ここまで書きすすめてくると、初めてマーヴィスタ・ハウジングの住宅地に足を踏み入れたときの強烈な印象が鮮やかに蘇ってきます。

　私がまず驚き、続いて感心したのは、どの通りにも大木が生い茂り、街全体が深い緑陰に覆われていたことです。陽射しの強いロサンジェルスのことですから、この豊かな緑陰がどれほどありがたいことか、夏場でなくても容易に想像できました。案内してくれた住人によれば、各通りごとに樹種を変え、この通りには泰山木、この通りにはガジュマルというように、香りのよい花木を植えてあるので、目をつぶっていてもどの通りにいるかが分かるのだそうです。これはランドスケープ・アーキテクト、ガレット・エクボのアイデアです。建設当時の写真を見ると、この分譲地の開発当初に植えられた苗木はせいぜいコリー犬の背丈ほどで、あたりにはまだ殺伐とした砂漠の気配が漂っています。しかし、その小さな苗木が半世紀以上の絶え間ない水遣りと丹精のおかげで、見上げるばかりの大木となったのです。マーヴィスタの住人は、樹木を根付かせ、それを大きく育てて自分たちの住環境を美しく快適に整えてきましたが、同時に、地域に住みつくこと、そして末長く住み継いでいく意識と信念もしっかり根付かせ、大きく育ててきたに違いありません。

マティスの遺した
光の宝石箱

ロザリオ礼拝堂

1951年　フランス　ヴァンス

20世紀絵画の巨匠アンリ・マティス（1869～1954）が、晩年に心血を注いだ礼拝堂。ニースの北西30キロほどにある小村ヴァンスのドミニコ会修道院の敷地内に建つ。はす向かいにはマティスが、1943年から5年間の疎開生活を送った別荘があり、また恩義ある修道女との再会も重なって、まさに「運命によって私が選ばれた仕事」となった。「訪れる人の心が軽くなること、たとえ信者でなくても、精神が高揚し、思考が明晰になり、軽やかな気持ちになること」を目指したこの美しい小堂は「色彩の画家」マティスの集大成とされる。

ヴァンスの旧市街からバウ・デ・ブラン山を望む　斜面に建てられている家々の壁は黄土色やベージュ系、屋根はほとんどが赤みを帯びた瓦葺きだ　画面中央やや右寄りの輝くような白壁の建物がマティスのロザリオ礼拝堂

マティスがこの礼拝堂で最初に取り組んだのが、ステンドグラスの仕事　磨き込まれた白大理石の床面にステンドグラスの模様が鮮やかに映り込む

祭壇の背後にある〈生命の木〉と名付けられた2枚のステンドグラス　ステンドグラスを透過した光は白壁を染めて刻々と変化する　黄色い植物文様はプロヴァンス地方に生育するサボテンをモティーフにしたといわれている

AVE

オテル・レジナ（ニース）のアトリエで
「聖ドミニクス」を描くマティス
Robert Capa の写真より

画家や彫刻家などの芸術家を、アトリエや住まいで撮影した白黒写真のポストカードがあるのをご存知ですか？　ピカソやジャコメッティを引き合いに出すまでもなく、芸術家にはしたたかな風貌の持ち主が多いのですが、身辺に独特の濃密な空気をまとっているせいで、写真には見る人の心をとらえて離さない一種のオーラがあります。

私はそうしたポストカード十数枚を、自宅の小さな書斎の壁にピンナップしています。中でもとりわけ私が気に入っているのは、晩年のアンリ・マティス（一八六九〜一九五四）がニースのアトリエで制作している写真で、長い竹の棒の先につけた木炭で、壁に立てかけた板の上に張り付けた紙にデッサンしているものです。右手で竹の棒を持ち、左手を腰にあてがったマティスのゆっさりした立ち姿といい、室内にたゆたう穏やかな自然光の感じといい、初めて見た瞬間にその写真は即座に私の瞼と心に焼き付きました。ちなみに、カメラマンは、あのロバート・キャパ。「さすが！」と言うべきでしょうか。

この絵はがきを買ったのはもうずいぶん前のことですが、眺めているうちに、なんだか色々なことが気がかりになってきました。「気がかりになって」と書きましたが、言い方を変えれ

［右頁上］礼拝堂内部　ステンドグラスは南面と西面にある　右奥が祭壇で左手の一段高くなったところが修道女席
［右頁下］北面と東面の壁に嵌め込まれたタイルに、壁画が描かれている　右が「十字架の道行」、左が「聖母子」　タイル表面にもステンドグラスの色が映り込んでいるところもお見逃しなく

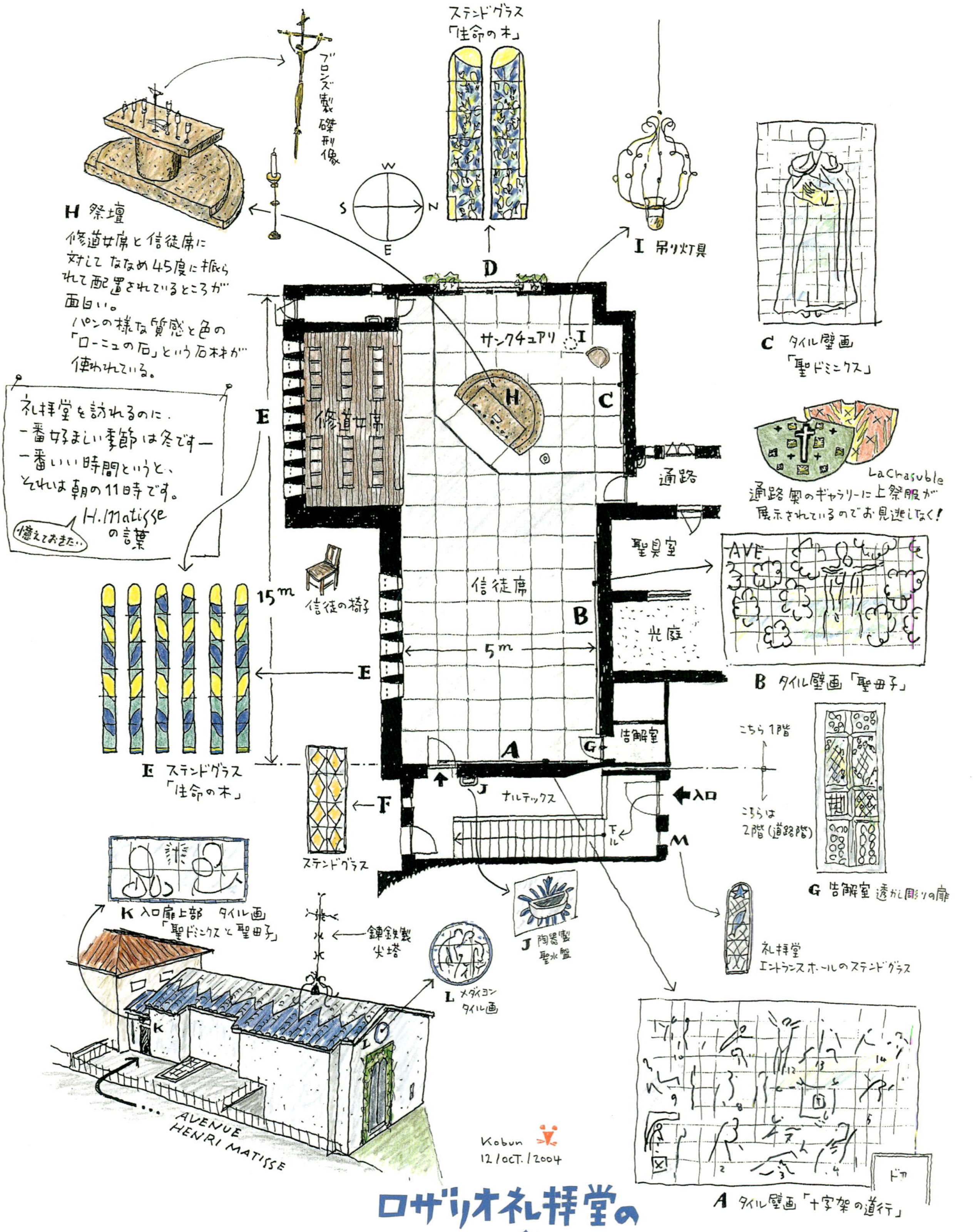

ロザリオ礼拝堂のマティス作品

ば「興味をそそられて」ということです。なぜそんなに長い棒の先に木炭を取り付けて描かなければならないのか、その木炭で描かれている絵やマティスの背後の壁に描かれている一連のスケッチは一体何なのかとかいうことに、興味を持ったのでした。また、これはあまり重要なことではないのですが、床一面に実に几帳面に新聞紙がピッチリ敷き詰められている様子にもしみじみ感心したりしました。

その後、少しずつマティス関係の本を買い集め、眺めているうちに、気がかりはたちまち解消しました。絵はがきの写真は

祭壇上に置かれた磔刑像と燭台　奥に見えるのは吊り灯具
マティスのデッサンの線をそのまま立体にしたような、簡潔でいてマティスの手のぬくもりも感じさせる造形

マティス自身が「全生涯の仕事の到達点」と呼んだヴァンスのロザリオ礼拝堂の壁画の素描をしているところでした。晩年のマティスの制作風景やくらしぶりを撮影した写真は沢山ありますが、写真の多くはニースのシミエ地区にあるオテル・レジナの住居兼アトリエの内部でマティスが礼拝堂の仕事に取り組んでいるものです。

数多いその写真を仔細に眺め、本の解説を読んでいるうちに、マティスの四年間にわたる日々の努力と精進によって完成したロザリオ礼拝堂が、私の中で次第に大きな関心の対象となって育って来たのでした。

ロザリオ礼拝堂の制作風景を撮った写真の数々は、この礼拝堂がマティスのどのような仕事ぶりによって完成したかを克明に語る視覚的な証言ですが、それとは別に、その当時のことを知る人たちが語る証言も数多く書き残されています。

たとえば、この礼拝堂が生まれる直接的なきっかけとなったシスター・ジャック・マリーは、晩年のマティスとの交流を綴った本を著しています。この本は、マティスの親近者に対する細やかなサービス精神や、ときおり発揮した茶目っ気など、画家の人間的な側面を知るにはまたとない好著で、敬愛の念に裏打ちされた思い出話の数々は、マティスを語りつつ彼女自身の暖かく穏和な人柄も浮き彫りにしています。修道女になる前

の彼女は、モニク・ブルジョワという名の看護学校に通う女性でした。彼女は一九四一年に腸の大手術を受けた後のマティス（当時七十一歳）の身のまわりの世話をするために雇われたのですが、祖父と孫娘ほど歳の違うマティスとよほど相性がよかったらしく、たちまち親密な信頼関係が生まれました。その後、しばらくの間、マティスとの行き来は途絶えていましたが、彼女が数年後にドミニコ会の看護修道女となり、ヴァンスの修道院に入ったことから、その当時、修道院のはす向かいにあるル・レーヴ荘に疎開していたマティスと再び交流が始まりました。一九四七年、彼女からマティスに持ちかけられた礼拝堂建設の相談にマティスは大きな関心と意欲を示し、ロザリオ礼拝堂の新築計画は一気に実現に向けて動き出したのです。

　絵はがきの写真に魅了されて以来、私は、折に触れてマティスに関する数々のエピソードや思い出話を読んで来ましたが、私がもっとも興味をそそられ、その鋭い観察力と正確な記憶力、深い洞察力と精緻な描写力に舌を巻いたのは、フランソワーズ・ジローの『マティスとピカソ　芸術家の友情』（河出書房新社）という本でした。ジローの手に掛かると、追憶や思慕という甘美なヴェールは取り払われ、マティスの横顔を間近に見るような思いにとらわれるのです。たとえば、ジローとピカソの見ている前で、あの魅力的な切り紙作品が作り出される様子は、こんな風に描写されています。

……マティスはすぐにその紙片を取りあげ、大きな鋏を使って容赦なく切り刻みはじめた。やがて、それはかなり小さくなって、鋭い角をもつようになった。こぎれいな雰囲気はなくなり、余分なものを切り捨てたことでエネルギーは最大限に発揮されるようになった。

　目を奪われる光景だった。思わず息をひそめた。マティスがいよいよ最後の仕上げにかかるとわかっていたからだ。しかし、マティスは全然ためらわなかった。勢いにのっているようだった。ゆっくりと、だが躊躇なく、マティスはいま切り抜いた紙片をグリーンの紙の左下隅にそっと置いた。完璧だった。すべてが完結し、あらゆる要素がたちまち結合された。バランスがとれていながら、安定しすぎることなく、緊張と休息がほどよく混じりあい、危険と高揚感、情熱と休止がそれぞれ十分にあった——その存在、精神、感覚、どれをとっても完全な満足が得られた。わたしたちの目の前で、永遠に挑む精緻な傑作が生まれたのだ。（野中邦子訳）

ロザリオ礼拝堂は小箱のように愛らしい建物です。その小さな建物が道路から一段下がった場所に建っているので、アプローチ側から見ると建物はいっそう低く、小さく感じられます。訪問者はまず道路に面した入口から入り、すぐにまっすぐな階段を降りて、ひとまず小空間（ナルテックス）に落ち着きます。

[左頁]礼拝堂南側から屋根の上の錬鉄製の尖塔を見上げる　青空をバックに南仏のまばゆい陽光を反射する三日月模様は、青い台紙に張られた金色の切り紙のようだった

そこでひと呼吸おき、心を鎮めてからおもむろに礼拝堂に入ることになるのです。

　十年ほど前、初めてロザリオ礼拝堂に足を踏み入れた時、私には堂内があっけないほど簡素に感じられました。正直言うと、「ちょっと物足りない」と思ったほどでした。おそらく「マティスの畢生《ひっせい》の大仕事」という先入観から、知らず知らずのうちに、もう少しドラマティックな空間を想像し、期待しすぎていたのかもしれません。しかし、しばらくその場にたたずむうちに、ステンドグラスを透過した自然光が満ちあふれる堂内で、大きな安堵感が心の底から湧き上がってくるのを感じ始めていました。それはちょうど、純白の真綿でできた清楚な空気にふうわりと優しく抱きすくめられるような気分でした。ステンドグラスと壁に嵌め込まれたタイルに描かれた素描、幾何学的な祭壇とその上に置かれたブロンズの燭台、針金細工の灯具と木製の家具、マティスが丹精込めてつくりあげたそれらの作品たちが、たがいに見つめあい、対話しあい、頷きあって、穏やかさと緊張感の入り交じった清澄な空気を醸し出していることに気づいたのです。そしてこのとき、「色彩」と「描線」と「素材」と「形態」の揺るぎないハーモニーこそ、マティスがこの礼拝堂で目指した究極の到達点だったことに思い至りました。

　これまでに私は、ロザリオ礼拝堂を三回訪れています。そして、二〇〇四年九月初旬、新潮社に礼拝堂撮影の許可がおり、私に再び見学の機会がめぐってきました。撮影は筒口カメラマンに任せるとして、私は、今度はそのような完璧なハーモニーを生み出すためにマティスの歩んだ制作の長い道のりを思い浮かべ、倦《う》まず弛《たゆ》まず続けられた研鑽の成果を、五感をフルに働かせて存分に賞味したいと考えました。

　礼拝堂の仕事で、最初にマティスがもっとも情熱を注いだのはステンドグラスの制作だったようです。切り紙の手法で作るその造形と、複数の色ガラスを通して堂内に入ってくる透過光が礼拝堂の空間に与える効果について、絶え間なく模索し、検討を加えていたことは、アトリエでの制作風景を撮った写真からもはっきり窺えます。実際に礼拝堂の内部に立ち、刻々と推移し、変化する光の戯れのなかに身をおいてみると、マティスは、ステンドグラスから射し込んだ自然光によって、礼拝堂の中の空気というつかみどころのない立体そのものを彩色するつもりだったのではないか——という仮説が脳裏をよぎります。そう思いつつ、礼拝堂の内部を眺めまわすと、ここには「光沢を持った面」が多いということに気づかされるのです。磨かれた白大理石の床や、素描を施されたピカピカと艶のあるタイルのような大きな光沢面だけではなく、注意して見ると告解室の透かし彫りを施した扉に塗られたエナメル質の塗装はテラテラだし、木製の框扉もツヤのあるオイルペイントでテカテカに塗られています。さらに言えば、小祭壇上の燭台も、天井から吊られた灯具の針金などの小物も艶やかな金色に輝いているといった具合です。このことから、マティスはステンドグラスを透過した光が、ただ単に床や壁を美しい色合いに染めるだけではなく、それぞれの素材の表面で反射し、空中にはね返って拡散するようにしむけたのだと考えたくなります。光沢面はマティスの目指した「色彩のオーケストラ」を堂内に響き渡らせるために欠くことのできない色の反響板だったにちがいありません。

　ロザリオ礼拝堂建設の話が持ち上がった一九四七年秋、建築についての知識と素養のあったレシギエ修道士は、修道院長にこの礼拝堂のすべてを画家のマティスに委ねるように進言し、二人を引き合わせました。修道士は、その年の十二月に自分の描いた礼拝堂の基本設計図面をマティスに見せ、ここからマティスを中心にした礼拝堂新築の計画が本格的にスタートしました。設計から工事の完了までの四年間という長丁場を修道院側の建設担当者としてマティスと協働したレシギエ修道士は、当時まだ三十歳そこそこの青年でした。

マティスは自らの芸術を
人々の心を鎮め、肉体の
疲れをいやす気持の良い
肘掛け椅子のようなもので
ありたい──と、夢みて
いました。
礼拝堂の片隅
に置かれている
肘掛け椅子
ニースのマティス美術館に
展示されている肘掛け椅子

　そのレシギエ修道士によれば、礼拝堂の設計に取りかかったころのマティスは、建築空間というものを的確に把握しておらず「本のページのように考えていた」そうです。たぶんマティスはそれまでの本造りの経験から、空間におけるシーンの変化を、ページをめくることと同様に考えていたということなのでしょう。修道士から、構造や工法の初歩的なことで指摘を受けたりしながら、マティスは、その後次第に建築空間を実体として捉えるようになったわけですが、その方法は、長年にわたって眼を鍛え、手を修練しつつ、つねに目の前にある対象物とだけ真剣に向き合ってきた画家ならではの独創的なものだったと思います。

　マティスはこの礼拝堂の仕事を、観念的なアイデアや実現不可能な構想の入り込む余地のない、徹底した即物主義、原物主義、原寸主義で推し進めて実現させせました。それがロザリオ礼拝堂に取り組むためにマティスのあみだした、建築と芸術を融合させる流儀だったのです。

はじめに私は、「晩年のマティスの制作風景やくらしぶりを撮影した写真は沢山あります」と書きましたが、その写真を一枚一枚仔細に見ていくと、このことが手に取るように分かります。聖ドミニクス像を長い竹の棒のさきに取り付けた木炭で描いている写真については最初に書いたとおりですが、他にも、壁にステンドグラスの原寸型紙が張られている写真が何種類もあり、厚手のボール紙かなにかで作った祭壇の原寸大の模型（その上には磔刑像と燭台もちゃんと載せられています）を写した写真があり、礼拝堂の大きな模型を傍らに置き、ベッドに横たわったまま例の長い棒を使って壁に素描している写真があり、修道女のための長椅子の部分的な試作品や、材料のサンプルらしいものが写っている写真があります。つまり、マティスは自分の住んでいたオテル・レジナの室内全体をロザリオ礼拝堂の原寸大の模型＝模擬空間と見なして制作していたのですが、そのようにして日々の生活の中でひとつひとつ確認しながら着実に仕事を進めていたことが、礼拝堂内部にあれほど多くの素材（ステンドグラス、タイル、陶器、石、鉄、ブロンズ、木、布）と手法を駆使しながら調和のとれた静謐な建築空間に引き上げることのできた最大の要因だったと思います。もし、礼拝堂の規模があとひとまわりでも大きかったら、礼拝堂のためのすべての作品を、原寸大で発想し、原寸大で制作するというマティスのやり方で計画を完遂させることは不可能だったにちがいありません。まず、天井の高さや広さが礼拝堂の寸法と同等のアトリエを探すことが困難だったはずですし（オテル・レジナのアトリエはロザリオ礼拝堂の内部空間と見なすことのできる充分な高さと広さがありました）、なによりも、規模が大きくなれば、マティスの体力と気力の「身の丈」を越えてしまっていたと思うからです。そういう意味で、ロザリオ礼拝堂は「マティスと等身大の作品」だったのです。

シスター・ジャック・マリーの「この礼拝堂は、私が存じ上げていたあの画家に、大変良く似ております」という言葉は、私にはとても含蓄の深い、暗示的な言葉に思えてなりません。

ニースのマティス美術館で、マティスの絵にもたびたび登場する赤いストライプ模様の肘掛け椅子を見ました。マティスはこの肘掛け椅子の他にも沢山の肘掛け椅子に囲まれて暮らしていました。たぶん相当の「肘掛け椅子好き」だったんでしょうね。礼拝堂のサンクチュアリの右隅に置かれている木製の肘掛け椅子は、よく見ると、マティスのアトリエの写真に写っている愛用の肘掛け椅子と同じものでした。「座り心地のいい椅子だし、形も良いから、礼拝堂には似合うだろう」ということで、まったく同じものを椅子職人に復刻《コピー》させて納めたのだろうと私は考えています。

読者のための見学案内

旧千代田生命本社ビル
（現目黒区総合庁舎）

村野藤吾

｜住所｜東京都目黒区上目黒2-19-15
｜問合せ先｜目黒区総合庁舎
｜電話｜03 3715 1111（代表）
http://www.city.meguro.tokyo.jp/
中目黒駅（東急東横線・東京メトロ日比谷線）から徒歩約５分。見学は窓口開設時間内（平日８時30分～17時）であれば自由（掲載した写真は改修前のもの。現状とは一部異なる）。茶室、和室等は、空いていれば見せてくれる。

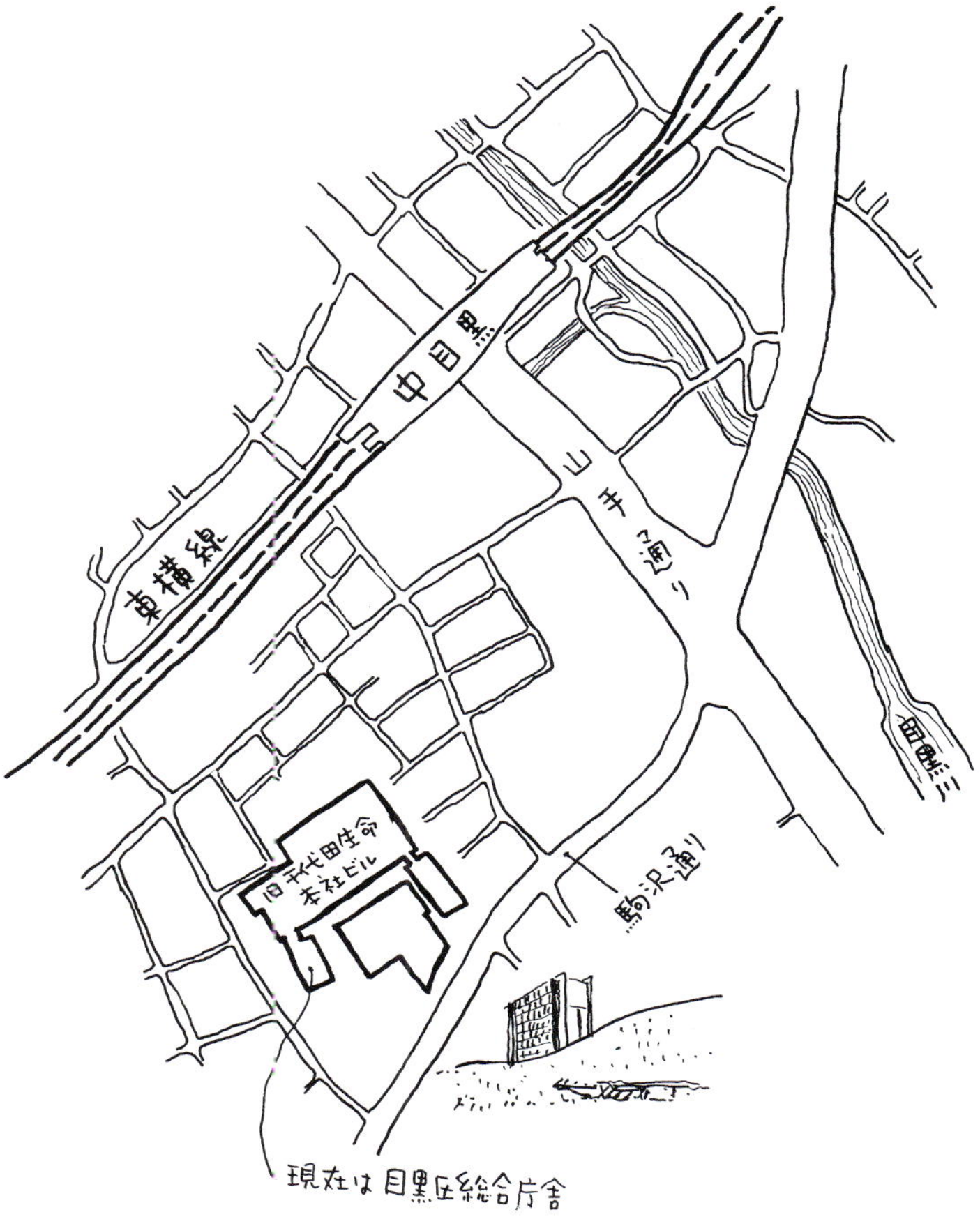

ジャンタル・マンタル
Jantar Mantar

｜住所｜Jaipur, Rajasthan, India
ジャイプール旧市街の中心にあるシティ・パレスを目指して行くと、わかりやすい。トリポリア門を入ると右手にジャンタル・マンタルがある。見学時間は９時～16時30分。

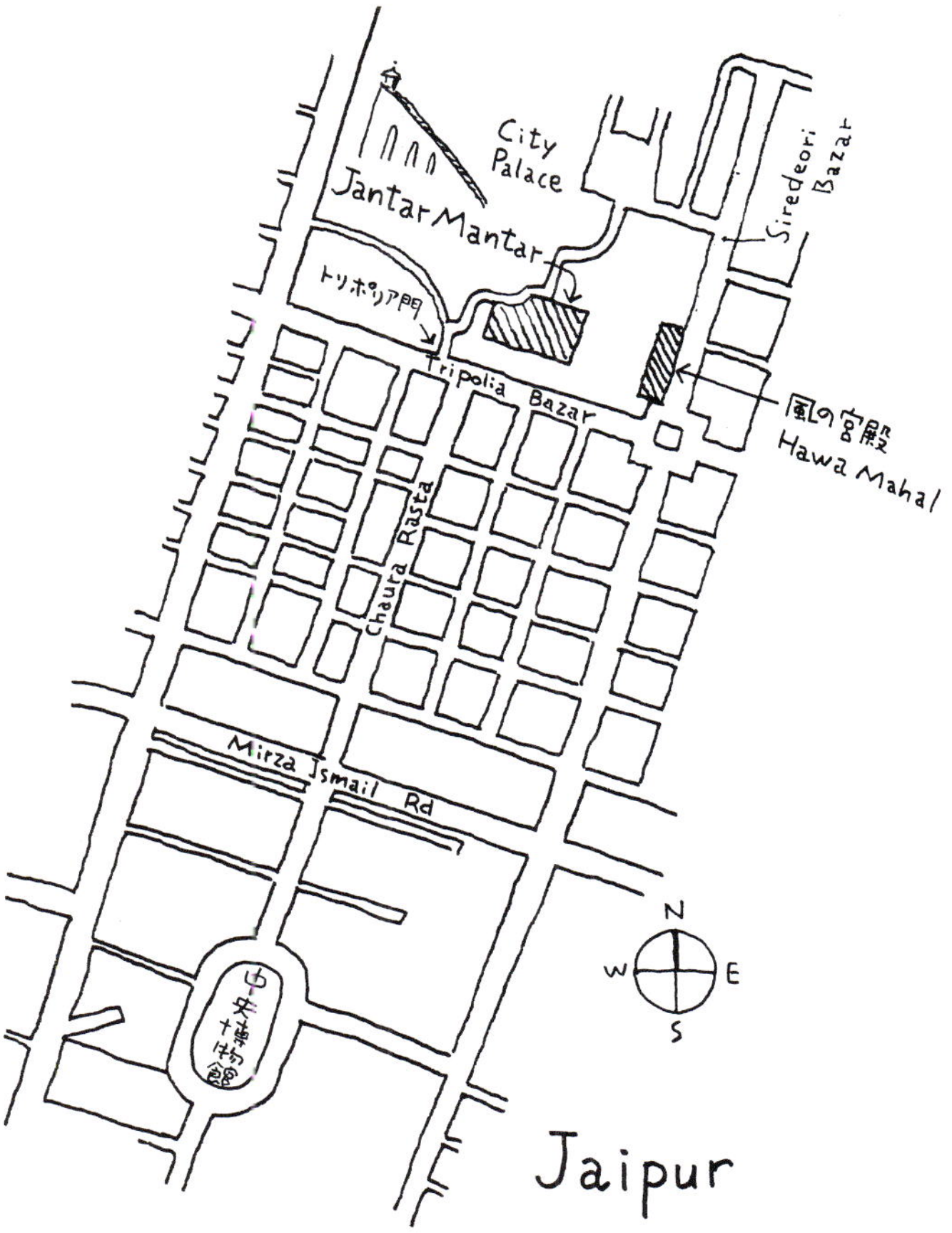

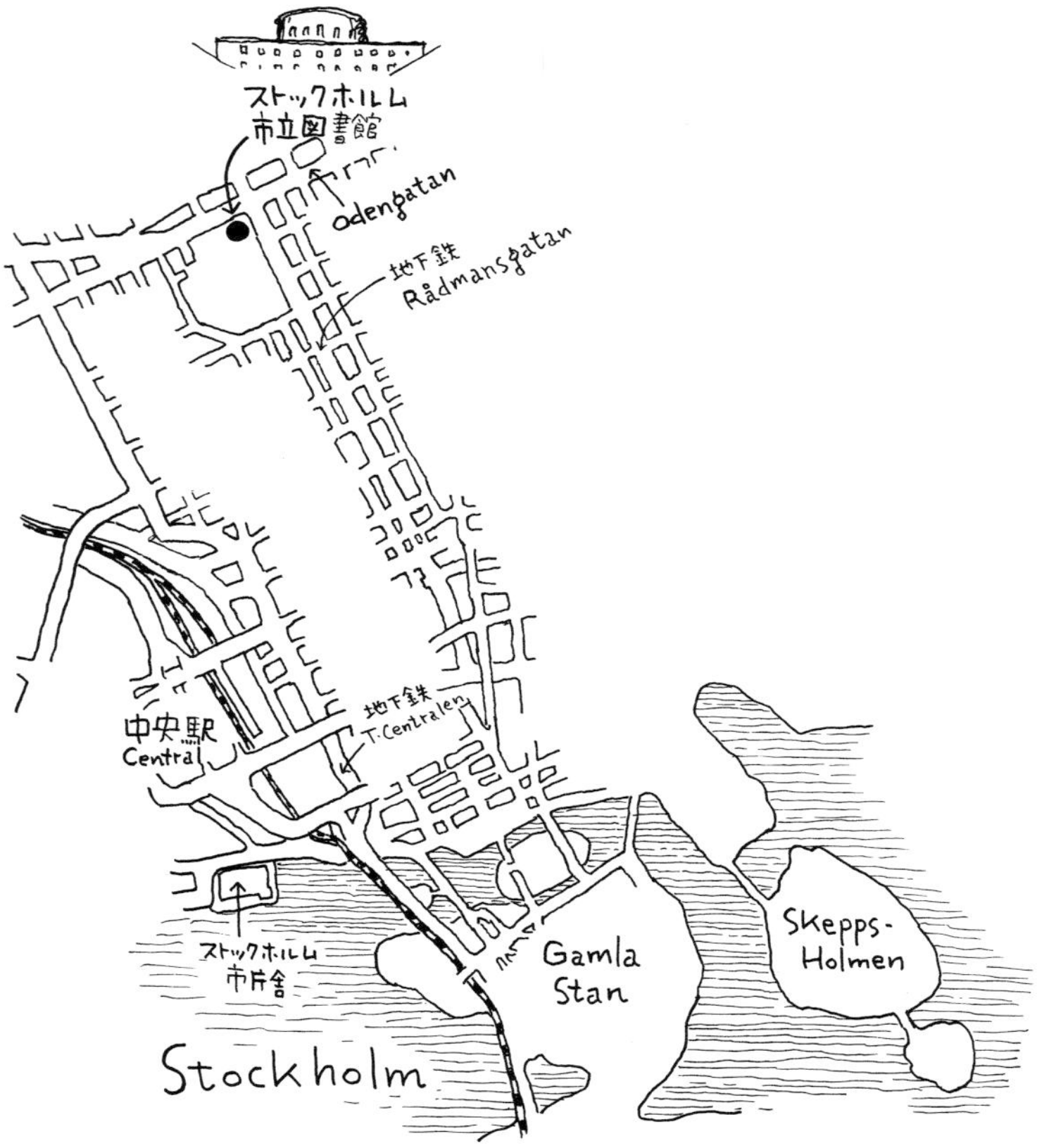

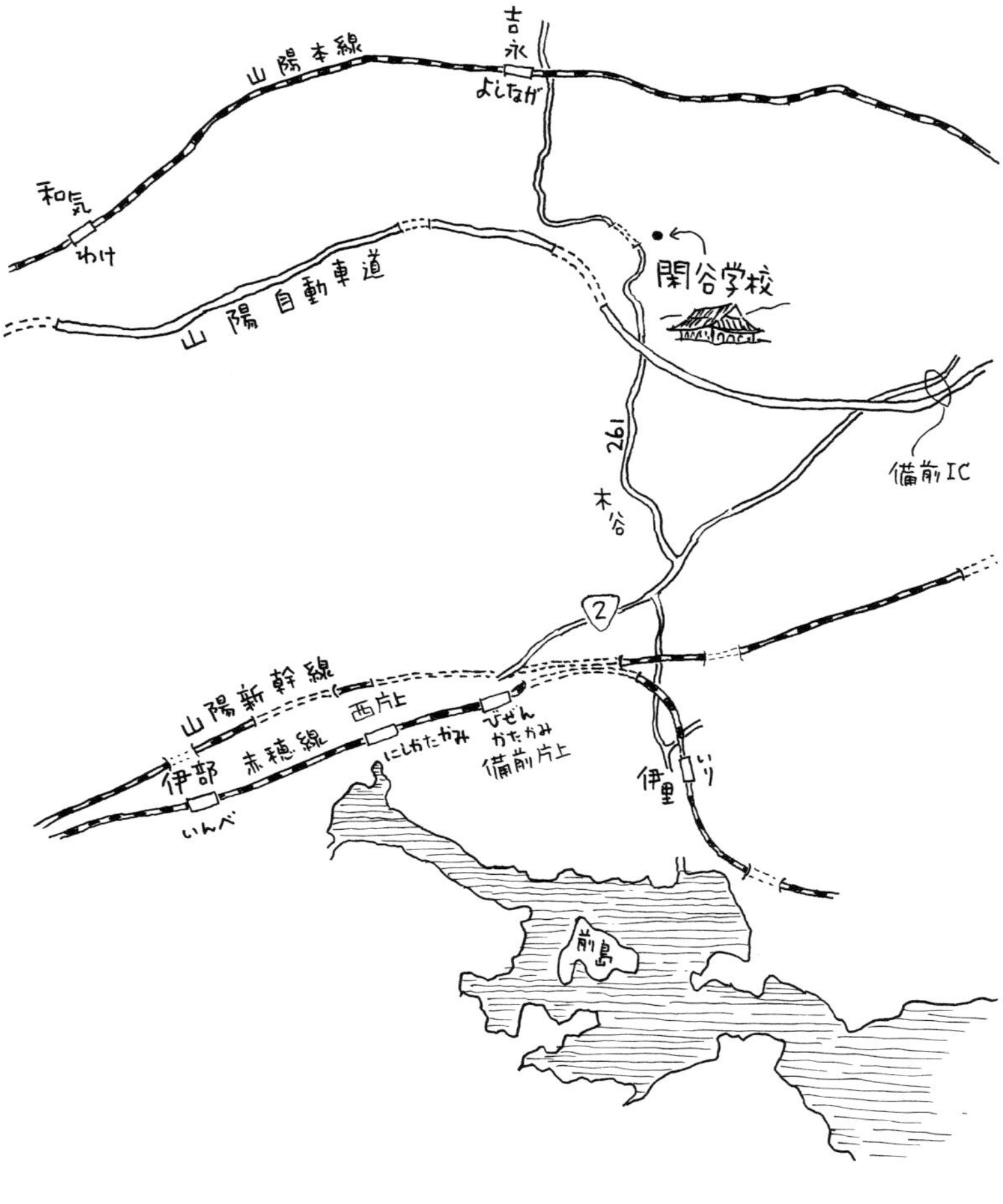

ストックホルム市立図書館
Stockholms stadsbibliotek

Erik Gunnar Asplund

｜住所｜Sveavägen 73/Odengatan 55, Stockholm, Sweden
｜電話｜+46(0)8 508 311 00
http://www.ssb.stockholm.se/
ストックホルムの T-Centralen 駅から地下鉄で 2 つ目 Rådmansgatan 駅で下り、そこから歩いて約 5 分。大閲覧室は、基本的に月曜～木曜は 9 時～ 21 時、金曜は 9 時～ 19 時、土曜、日曜は 12 時～ 16 時の間開いているが、ときどき時間の変更や閉館日がある。また子ども用の図書コーナーは若干時間が違うので、事前にホームページなどでチェックしてからいく方が無難かもしれない。

閑谷学校

｜住所｜岡山県備前市閑谷784
｜問合せ先｜特別史跡旧閑谷学校顕彰保存会
｜電話｜0869 67 1427
http://www3.from-c.com/data/sizu/index.htm
JR山陽本線の吉永駅からタクシーで約5分のところにある。車で行く場合は、山陽自動車道備前ICより国道2号線、県道261号線経由で約15分。見学時間は9時～17時、無休(年末はのぞく)。

母の家
Vanna Venturi House

Robert Venturi

｜住所｜8330 Millman Street, Chestnut Hill, Philadelphia, PA, USA
個人邸につき原則として内部の見学は不可能。外観だけの見学に訪れるなら、すぐ近くのサンライズレーンという通りにルイス・カーンの名作〈エシェリックハウス〉があるので、ついでにこちらにも足を伸ばしてみては（残念ながらこちらも個人邸なので見学は外観のみ）。

河回村
（ハフェマウル）

｜住所｜韓国　慶尚北道安東市豊川面河回里690
｜問合せ先｜管理事務所
｜電話｜＋82（0）54 854 3669
安東から河回村行きのバスが出ている。所要約50分（1日6便）。村の入口で2000ウォン（大人）の入場料を払ってから中へ入る。見学時間は9時～19時（11月～2月は18時まで）。村の中の民宿に泊まることも可能。ソウルから安東へは、高速バス（所要約３時間50分）もしくは列車（所要約５時間）で行ける。

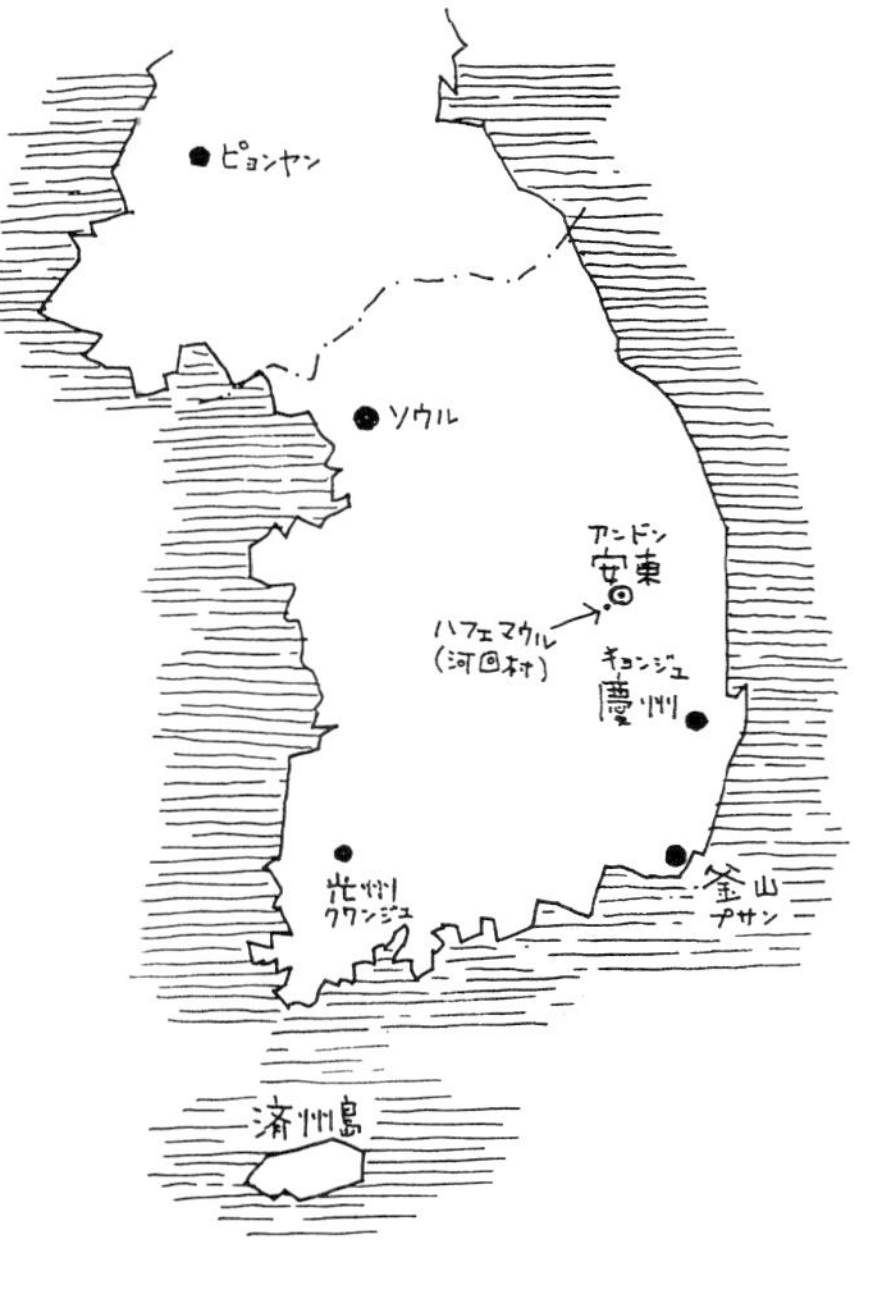

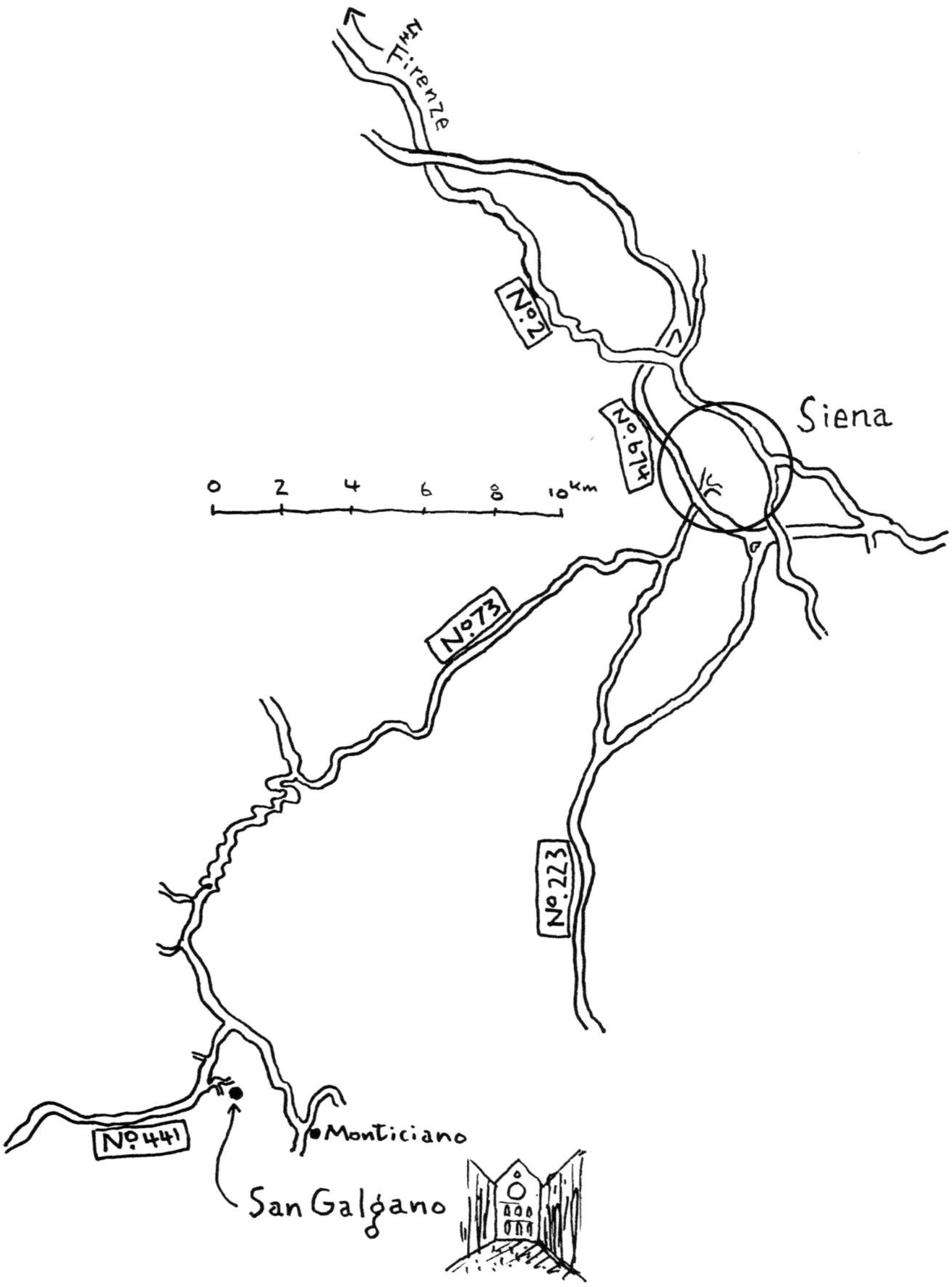

サン・ガルガーノ聖堂
Abbazia di San Galgano

｜住所｜San Galgano, Chiusdino, Siena, Italia
シエナの南約35kmのところにある。73号線を車で南下するのが一番簡単だが(所要約30分)、シエナからMassa Marittima行きのバスに乗って行くこともできる(ただし本数が少ないので、事前に要確認)。

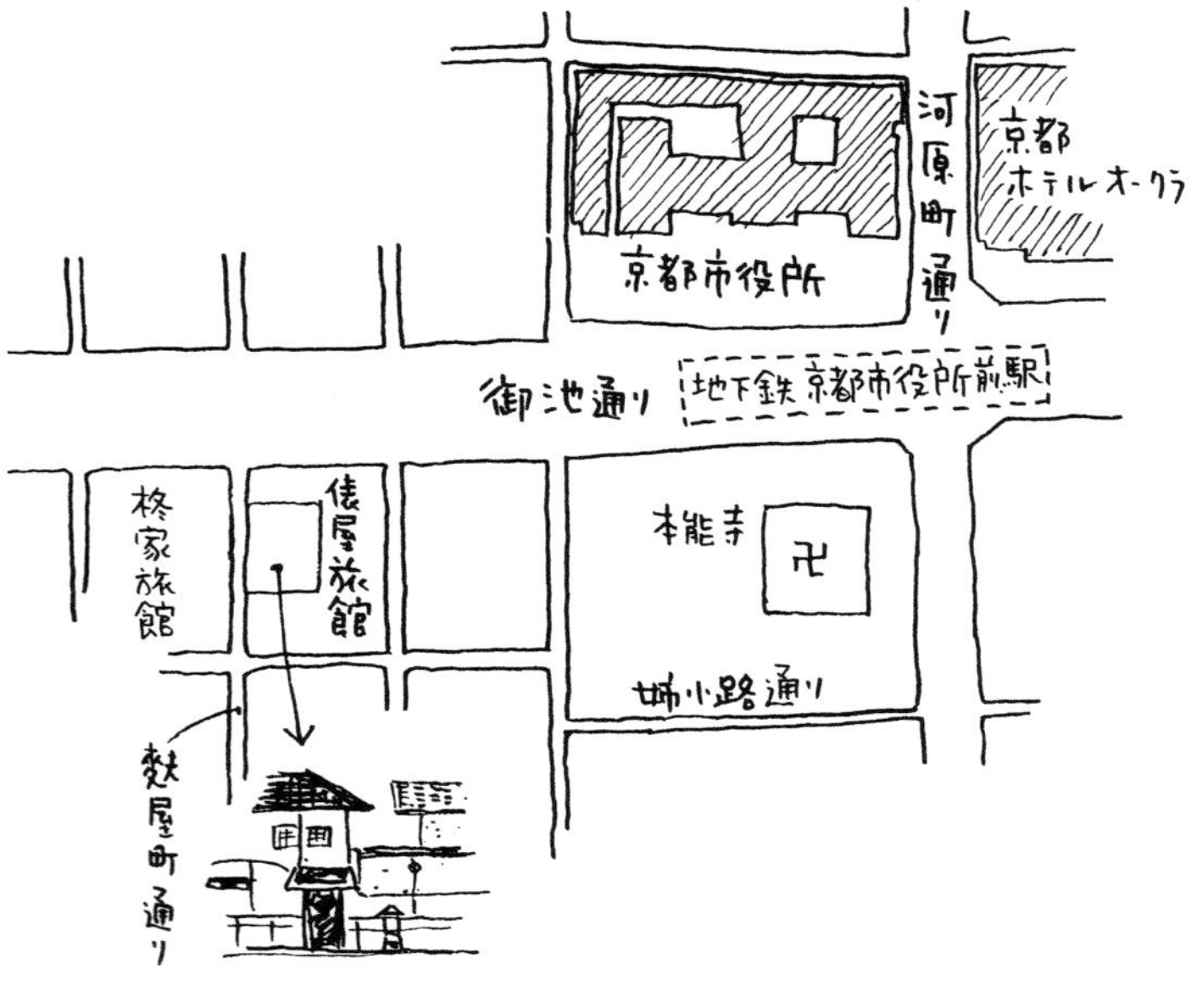

俵屋旅館

｜住所｜京都府京都市中京区麩屋町通姉小路上ル
｜電話｜075 211 5566
JR京都駅からタクシーで約15分。地下鉄東西線京都市役所前駅から徒歩5分。

サー・ジョン・ソーン美術館
Sir John Soane's Museum

Sir John Soane

｜住所｜13 Lincoln's Inn Fields, London, UK
｜電話｜＋44(0)20 7405 2107
http://www.soane.org
最寄り駅は地下鉄 Holborn 駅。見学時間は、10時～17時(毎月第1火曜のみ18時～21時も開館)。日曜、月曜、祝日は休み。徒歩圏内に大英博物館があるので、余力があればはしごしてもいいかもしれない。

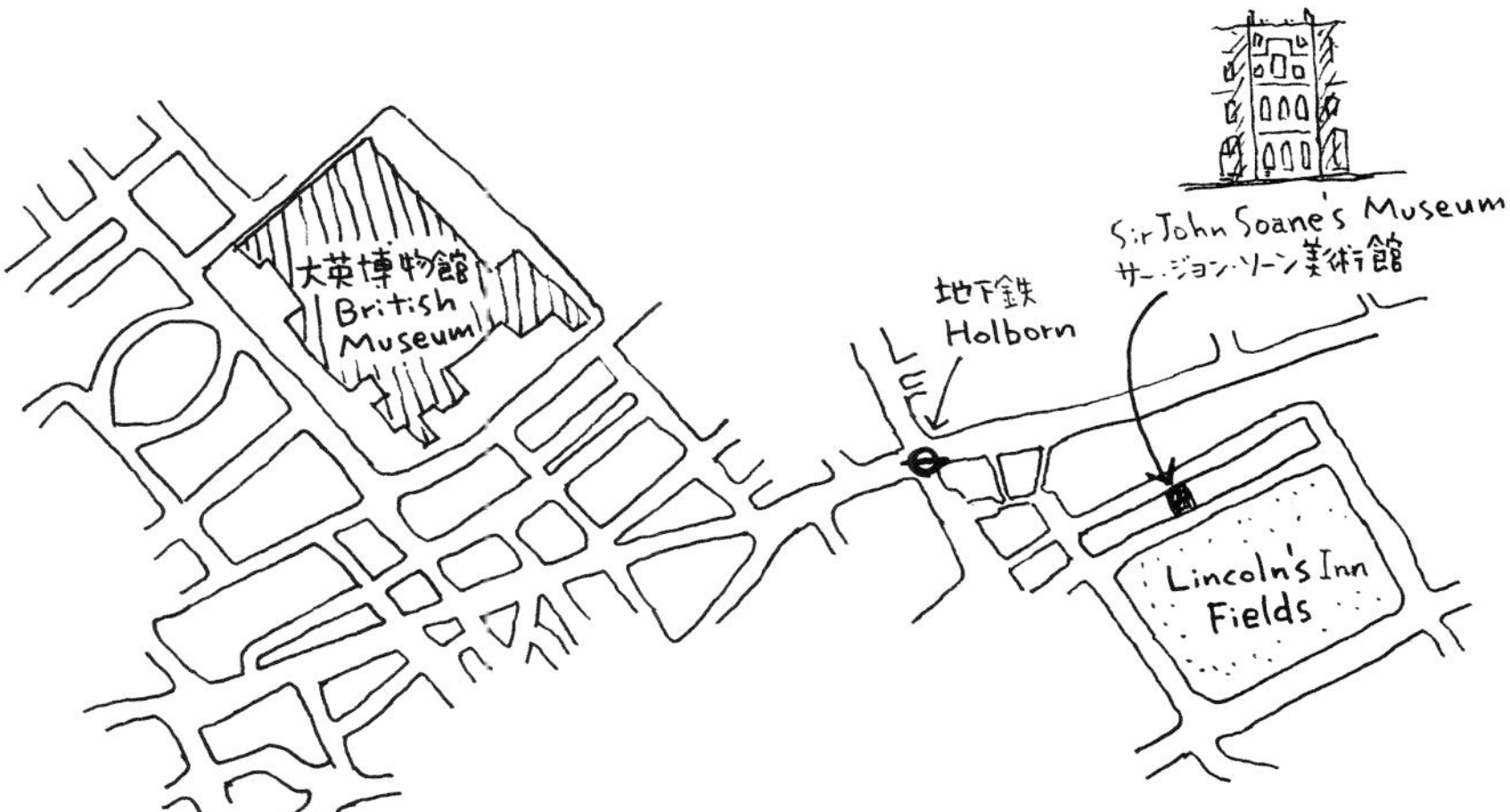

ケース・スタディ・ハウス #1
Case Study House #1

Julius Ralph Davidson

｜住所｜10152 Toluca Lake Avenue, North Hollywood, CA, USA
個人邸につき原則として内部の見学は不可能。外観だけの見学となる。

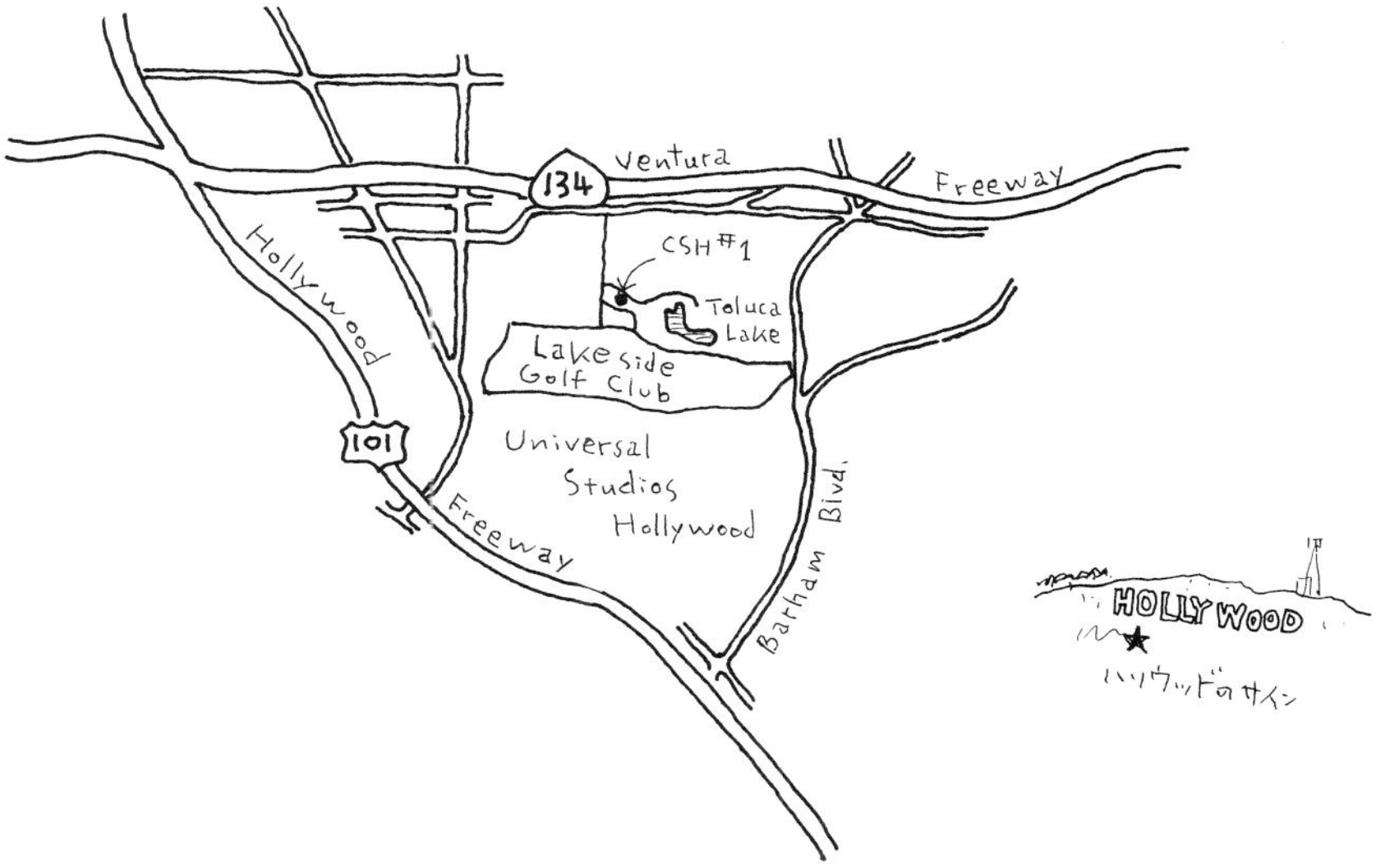

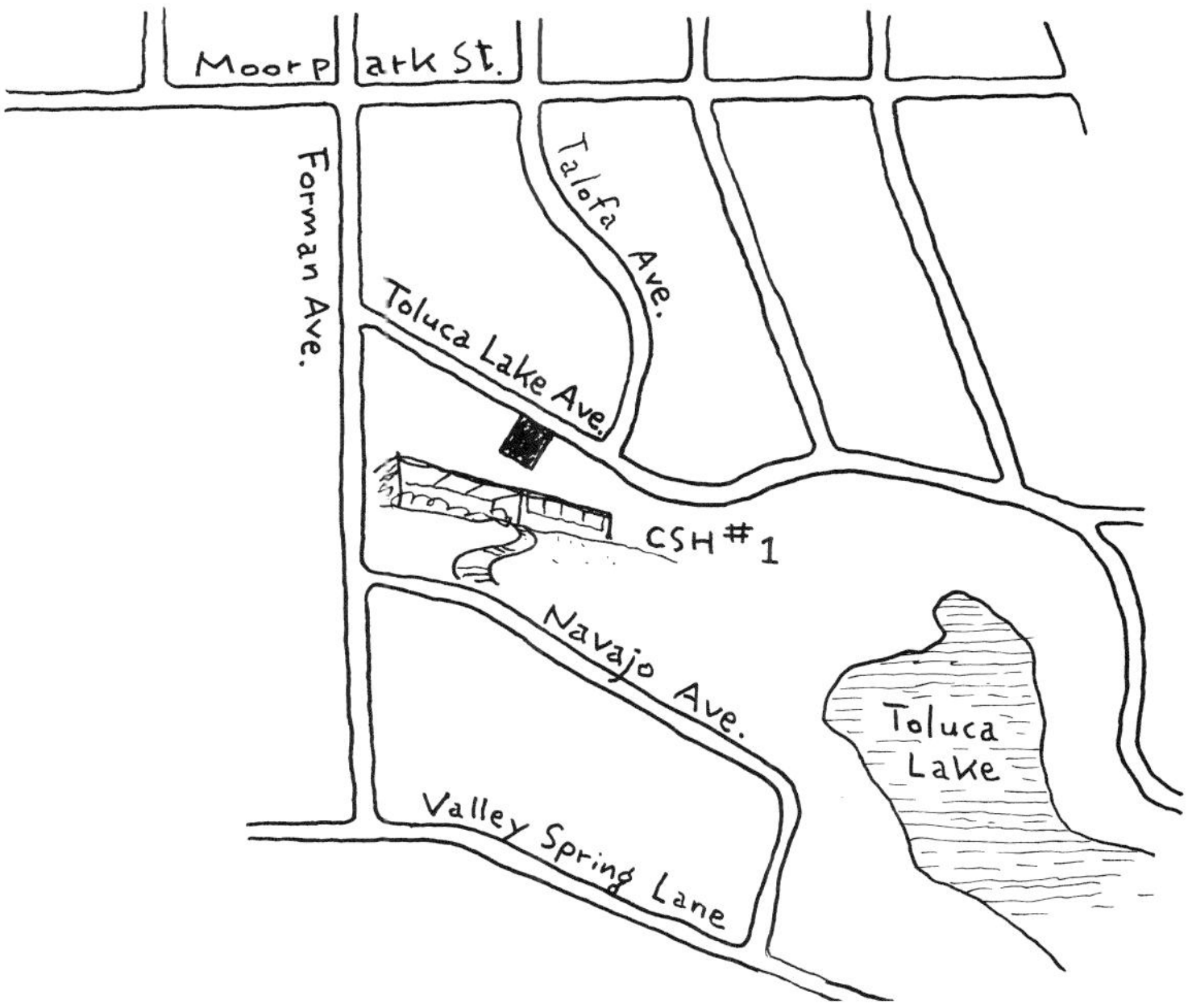

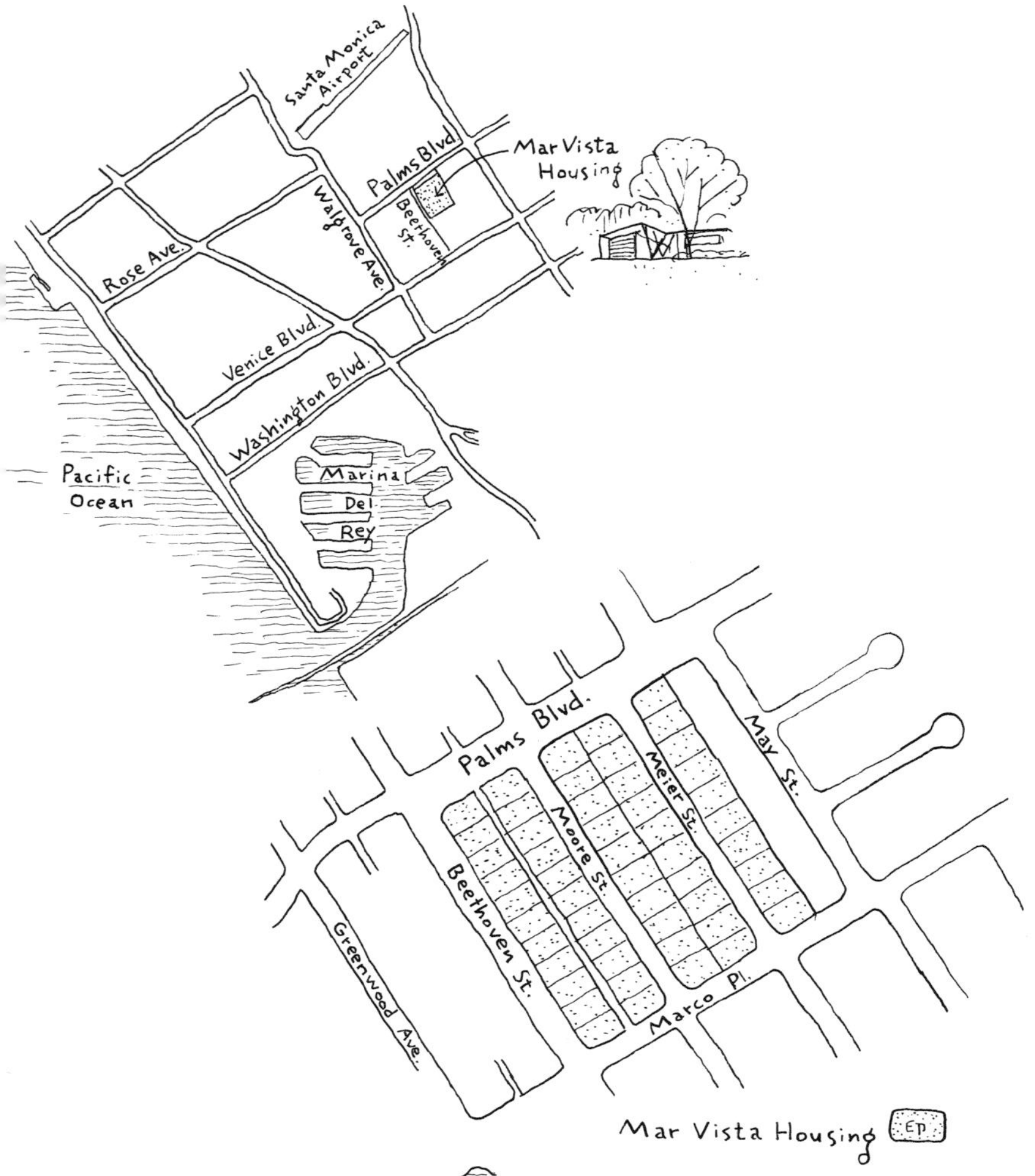

マーヴィスタ・ハウジング
Mar Vista Housing

Gregory Ain

｜住所｜Mar Vista, Los Angeles, CA,USA
｜問合せ先｜Mar Vista Tract
http://marvistatract.org/
見学希望の場合は、住民たちの管理組織へ問合せを。ちなみに物件が売りに出ていることもある。

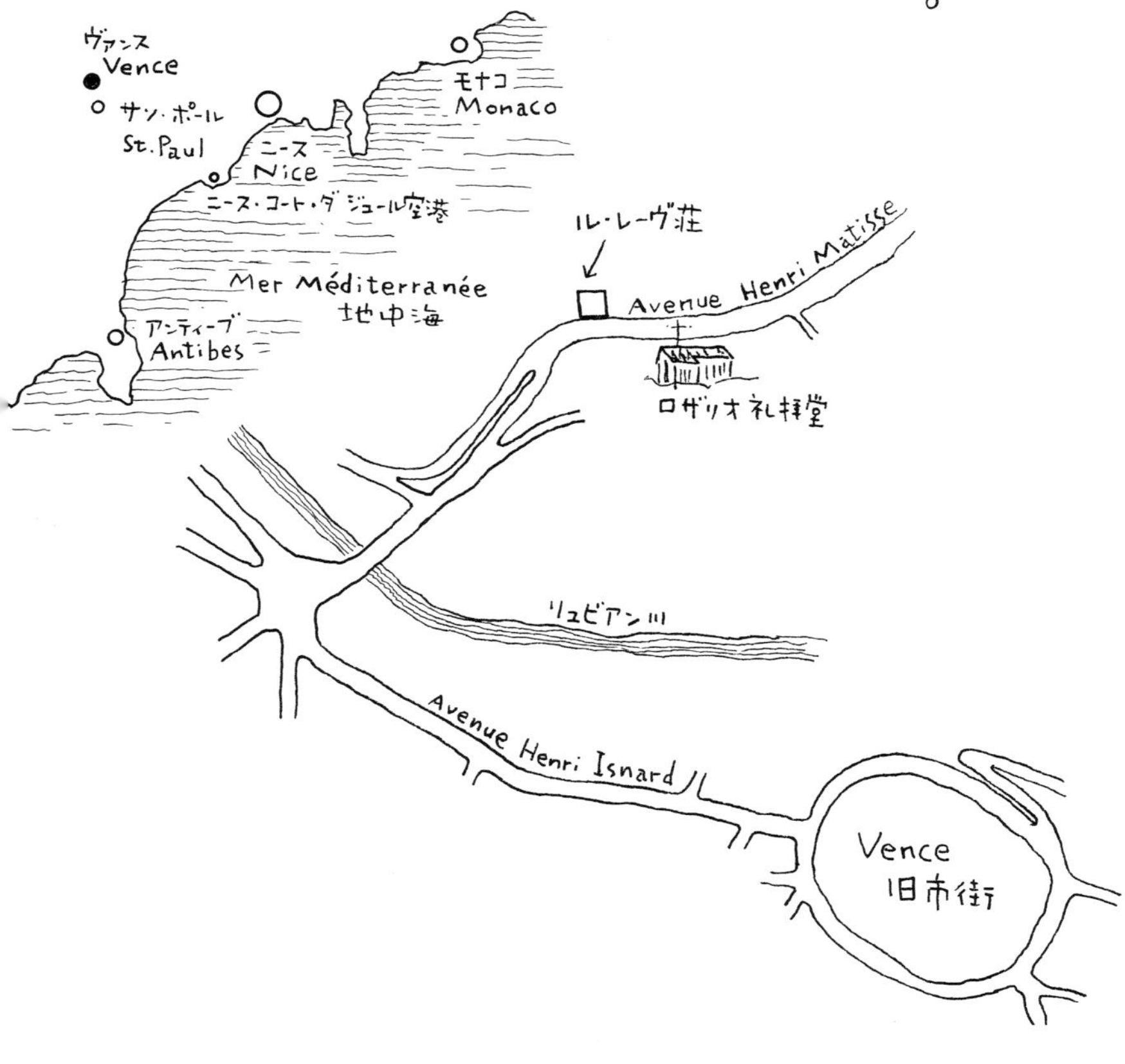

ロザリオ礼拝堂
La Chapelle du Rosaire

｜住所｜446 Avenue Henri Matisse, Vence, Côte d'Azur, France
｜電話｜+33(0)4 93 58 03 26
ヴァンスの町の中心部(旧市街)から15分ほど歩いた坂の上にある。堂内の見学時間は、火曜、木曜は、10時～11時30分、14時30分～17時30分。月曜、水曜、土曜は14時～17時30分。日曜、金曜は休み。11月は閉まっているので要注意。ヴァンスへはニースからバスが出ている。ニースにはマティス美術館があるので、併せて見学してみては。

中村好文　なかむら・よしふみ

建築家。1948年千葉県生まれ。1972年武蔵野美術大学建築学科卒業。宍道建築設計事務所勤務の後、都立品川職業訓練校木工科で学ぶ。1976年から1980年まで吉村順三設計事務所に勤務。1981年レミングハウスを設立。1987年「三谷さんの家」で第1回吉岡賞受賞。1993年「一連の住宅作品」で第18回吉田五十八賞特別賞を受賞。現在、日本大学生産工学部居住空間デザインコース教授。著作は『住宅巡礼』『住宅読本』(ともに新潮社)、『普段着の住宅術』(王国社)、柏木博氏との共著に『普請の顛末』(岩波書店) がある。

本書は『芸術新潮』2002年4月号～2004年7月号に連載された「意中の建築」を、上下巻に分けて再編集・増補したものです。「名旅館名室の条件」は『和樂』2005年2月号掲載の「俵屋の逸室『竹泉』の間」を、「マティスの遺した光の宝石箱」は『芸術新潮』2004年11月号掲載の「ロザリオ礼拝堂 随想」を加筆訂正して収録しました。

写真

野中昭夫……p9, 10, 11, 13, 14, 16, 17, 95, 96, 97, 99

中村好文……p15, 19, 20-21, 22, 23, 26, 29, 30-31, 33, 34, 35, 47, 52, 53, 54, 59, 67, 77, 80-81, 83, 108, 113, 116上

筒口直弘(新潮社写真部)……p37, 38-39, 42, 43, 45, 49, 55, 56-57, 60, 61, 62, 63, 64, 65, 69, 70, 71, 72, 73, 74, 75, 85, 86-87, 88, 91, 93, 123, 124-125, 126, 127, 128, 131, 133

日本大学生産工学部居住空間デザインコース・CSH&マーヴィスタ・ハウジング調査グループ……p103, 104, 105, 114, 116下, 119上, 120

Marvin Rand……p119下

Used with permission from the Gregory Ain Archive, Architecture&Design Collection, University Art Museum, UCSB……p116中

意中《いちゅう》の建築《けんちく》 上巻

平成十七年九月二十日　発行
平成二十三年十一月三十日　三刷

著者　中村好文《なかむらよしふみ》
発行者　佐藤隆信
発行所　株式会社新潮社
〒一六二―八七一一　東京都新宿区矢来町七十一
電話［編集部］〇三―三二六六―五六一一
　　［読者係］〇三―三二六六―五一一一
http://www.shinchosha.co.jp
印刷所　凸版印刷株式会社
製本所　株式会社大進堂

価格はカバーに表示してあります。
乱丁・落丁本は、ご面倒ですが小社読者係宛お送り下さい。送料小社負担にてお取替えいたします。

ISBN978-4-10-435004-9 C0052

MOTHER'S HOUSE 1962
by Robert Venturi